LLÊN Y LL
GOLYGYDD: HUW MEI

James Hughes
('Iago Trichrug')

Robert Rhys

GWASG PANTYCELYN

© Robert Rhys 2007 Ⓗ
Gwasg Pantycelyn

ISBN: 978-1-903314-79-1

Mae'r cyhoeddwr yn cydnabod cefnogaeth ariannol
Cyngor Llyfrau Cymru.

Cyhoeddwyd gan Wasg Pantycelyn
Argraffwyd gan Wasg y Bwthyn, Caernarfon

CYNNWYS

DIOLCHIADAU

Mae fy niolch blaenaf i olygydd *Llên y Llenor*, Dr Huw M. Edwards, am ei barodrwydd i dderbyn y gyfrol hon i'r gyfres ac am ei gymorth manwl a golau fel golygydd. Darllenwyd drafft o'r gwaith gan Dr Eifion Evans a Dr E. Wyn James ac elwais ar eu sylwadau gwerthfawr. James Hughes oedd y pwnc a ddewisais wrth draddodi Darlith Goffa Islwyn ym Mhrifysgol Caerdydd yn 2006 ac rwy'n ddiolchgar iawn am y fraint honno ac am yr ysgogiad a roes i mi gyda'r gwaith. Elwais ar yr ymateb i bapur a roddais i Adran Diwylliant y Ddeunawfed Ganrif a'r Bedwaredd Ganrif ar Bymtheg ar ein cynhadledd yng Ngregynog yn 2006; derbyniais awgrymiadau gwerthfawr hefyd gan Dr Cynfael Lake a Mr Llion Pryderi Roberts. Ni fu modd dilyn pob trywydd a godwyd na chynnwys pob awgrym mewn astudiaeth o faint y gyfrol hon, ac arnaf i y mae'r cyfrifoldeb am unrhyw feiau neu fylchau a geir yma. Fy mhrofiad i wrth weithio yn y cyfnod dan sylw yw bod yn rhaid i ddyn ollwng gwaith o'i ddwylo gan wybod cyn lleied a ŵyr, a chymaint sydd eto i'w wneud.

Rwy'n ddiolchgar iawn i Ann fy ngwraig ac i'm mab a'm merch-yng-nghyfraith, Gethin a Branwen, am sawl cymwynas. Hwyluswyd fy ngwaith yn fawr gan gyfraniad Mrs Elen Wyn Simpson o Adran Llawysgrifau Llyfrgell Prifysgol Cymru Bangor, a chefais gymorth parod gan staff Llyfrgell Genedlaethol Cymru yn Aberystwyth. Euthum ar ofyn Dr Huw Walters yn y Llyfrgell Genedlaethol fwy nag unwaith, a'i gael mor wybodus gynorthwyol ag erioed. Mawr yw fy nyled a'm diolch hefyd i staff Gwasg y Bwthyn am eu cydweithrediad amyneddgar a'u gwaith graenus.

CYFLWYNIAD

Cystal i mi gydnabod bod amcan diedifar o adferol i'r gyfrol hon. Nid wyf am weld James Hughes yn cael ei anghofio. Cafwyd cofnod teilwng iddo yn *Y Bywgraffiadur Cymreig*, ond doedd dim sôn amdano yn y *Cydymaith i Lenyddiaeth Cymru*. Hepgorwyd un o'i emynau mawrion, 'Agorwyd teml yr Arglwydd yn y nef', gan *Caneuon Ffydd*. A rhag i mi bwyntio bys yn rhy barod at eraill, rwy'n cyfaddef na lwyddais innau i grybwyll James Hughes mewn arolwg a luniais o lenyddiaeth Gymraeg y bedwaredd ganrif ar bymtheg (Geraint H. Jenkins (gol.), *Gwnewch Bopeth yn Gymraeg*, 251-74). Bydd y gyfrol hon yn gwrthsefyll y duedd i alltudio James Hughes i gyrion ein hymwybyddiaeth.

Beth sy'n fy nghymell i wneud hynny? Rhywbeth mwy na chwiw archaeolegol bersonol, rwy'n gobeithio. Mae gennyf gydymdeimlad dwfn â'i argyhoeddiadau a'i brofiadau crefyddol, a theg i mi ddatgan fy niddordeb yn hynny o beth ar y dechrau. Ond ei gymeriad, y bersonoliaeth a gyflwynir yn enwedig yn ei lythyrau a'i hunangofiant, a'm denodd i'n fwy na dim, ac a awgrymodd fod yma fywyd gwerth ei ymchwilio a'i gyflwyno. Yn gynnar iawn yn yr ymchwil synhwyrais fod y cyfeiriad yn nisgrifiad catalog Llawysgrif Bangor 1515 at 'lythyr hir, doniol, dychanllyd' James Hughes yn un gwerth ei ddilyn. Mae rhesymau cryfach a llai argraffiadol. I genedlaethau o Gymry, awdur esboniad Beiblaidd hwylus a phoblogaidd oedd James Hughes. Hyd yn oed os na wnawn ond agor y maes, mae'n bryd i ni roi cynnig ar ddechrau cloriannu arwyddocâd a dylanwad ei lafur esboniadol. (A llafur caled ydoedd hefyd, fel y tystia'i lythyrau.) Nid yw'n emynydd toreithiog, ond fe'i derbyniwyd i'r canon emynyddol gan ei gyfoeswyr yn bur fuan, a bydd y berthynas rhwng arddull ei emynau a'i ddiddordebau barddol ehangach yn cael sylw gennym. Roedd gan James Hughes enw barddol adnabyddus, 'Iago Trichrug', ac er i'r bardd gael ei ddisodli i raddau gan yr esboniwr wrth iddo heneiddio, y mae gyrfa farddol Iago yn ddadlennol oherwydd y goleuni a deifl ar ddiwylliant Dyffryn Aeron ar ddiwedd y ddeunawfed ganrif ac ar y berthynas annisgwyl o gynnes rhyngddo a William Owen Pughe yn Llundain. Ond ni chyhoeddodd gyfrol o farddoniaeth na chasgliad o emynau; ac wrth feiddio ei gynnwys yng nghyfres *Llên y Llenor* dadleuir bod ei gynnyrch amrywiol, a pheth o hwnnw'n gynnyrch nas cyhoeddwyd, yn ffurfio corff arwyddocaol o lenyddiaeth.

O ran ei fywyd cyhoeddus gwnaeth James Hughes ymddangosiadau gwibiog mewn dau gofiant diweddar sylweddol, sef *William Owen Pughe* gan Glenda Carr, a *Hugh Hughes Arlunydd Gwlad* gan Peter Lord. Mae ei fywyd yn enghreifftio dyrchafiad cymdeithasol (os nad ariannol) un math o Gymro Llundain ar ddechrau'r bedwaredd ganrif ar bymtheg, wrth i'r gof uniaith dihyder ddod yn y man yn weinidog achos enwog y Methodistiaid Calfinaidd yn Jewin Crescent, Llundain. Magl rwydd i gofiannydd (neu fyr-gofiannydd neu ran-gofiannydd yn yr achos hwn) yw mynd yn gaeth i'w ffynonellau a chael ei lywio gan weddillion ysgrifenedig gwasgaredig a all greu darlun anghyflawn a chamarweiniol. Ceisiwn osgoi'r fagl honno orau ag y gallwn, a rhaid cofio mai tenau yw'r dystiolaeth am ambell gyfnod, yn arbennig felly ail ddegawd y ganrif, pan ymroes i lafurio fel pregethwr a bugail.

Dau fan cychwyn amlwg sydd i unrhyw astudiaeth o fywyd a gwaith James Hughes. Y naill yw'r hunangofiant anorffenedig eithriadol ddifyr a gyhoeddwyd yn y *Cylchgrawn* yn 1868; y llall yw'r gyfrol goffa a gyhoeddodd John E. Davies, un arall o weinidogion capel Jewin Crescent, yn 1911. Compendiwm nodweddiadol o gofiannau'r cyfnod yw'r gyfrol honno, gyda'i phedair prif adran: 'Bywyd James Hughes', 'James Hughes yn ei brif nodweddion', 'Amrywion' (sy'n cynnwys llythyrau a phregethau ymysg pethau eraill) ac yn olaf 'Barddoniaeth Iago Trichrug', golygiad anfoddhaol J. E. Davies o beth o'r cynnyrch barddol. Ar y gyfrol hon y tynnodd pawb a luniodd ysgrifau cylchgronol am Iago yn yr ugeinfed ganrif. At y ffynonellau pwysig hyn gellir ychwanegu rhai llythyrau nas cynhwyswyd gan Davies. Roedd ailddeffroad barddol Iago Trichrug -yn Llundain yn cyd-fynd â symudiad pwysig yn hanes y wasg Gymraeg, ac o 1818 ymlaen mae modd codi ei drywydd ar dudalennau *Seren Cymru, Goleuad Cymru, Y Gwyliedydd* a'r *Drysorfa*. Mae'r dystiolaeth gyfredol i'w weithgarwch cyhoeddus mwy canolog fel bugail a phregethwr yn fwy bylchog. Wrth ystyried natur y defnyddiau sydd ar gael ynghyd ag amcan y gyfrol hon, penderfynwyd llunio dwy bennod yn rhoi braslun o fywyd James Hughes, er na chynigir cronoleg gyflawn. Wedi gosod y gefnlen fywgraffyddol eir ati wedyn i drafod ei waith fel bardd, emynydd, esboniwr ac awdur llythyrau.

I

'AR LAN AERON': 1779-1799

Mae'r enw barddol a fabwysiadodd James Hughes yn cyfeirio at ei gynefin uwchlaw Dyffryn Aeron yng Ngheredigion. Y Trichrug yw'r mynydd-dir a ddringir ar ôl mynd trwy bentrefi Tal-sarn a Threfilan i gyfeiriad y gogledd. Bu James yn gweithio fel bugail at lethrau'r Trichrug, ond yng Nghiliau Aeron ar lawr y dyffryn y'i ganwyd. Agorodd gân hunangofiannol gyda'r pennill hwn:

> Ar lan Aeron, yn mhlwyf Ciliau
> Neuadd Ddu oedd enw'r fan,
> Yno gwelais i y goleu
> Gynta' erioed yn eiddil gwan;
> Ar y trydydd o Orphennaf
> Mil saith cant saith deg a naw
> Dyna'r pryd y deuthum gyntaf,
> Meddant hwy, i fyd o faw.
>
> (*James Hughes . . . Cyfrol Goffa*, 327)

Nid hoffter diamheuol Iago o'r cyffyrddiad cynganeddol na'i argyhoeddiad diwinyddol am gyflwr byd syrthiedig yn unig a glywir yn ymadrodd olaf y pennill. Mae'n cofio hefyd amodau digysur ei fagwraeth. Bu farw ei fam pan nad oedd ond blwydd a hanner, ac ar ôl ei fagu am gyfnod gan ddwy fodryb a ffolai arno symudodd gyda'i dad i gartref newydd. Yn ôl yr hunangofiant a luniodd yn 45 oed, un o'i atgofion cynharaf oedd 'fy modryboedd yn nadu ac yn crïo yn rhyfeddol ar fy ol, pan yr oedd fy nhad yn fy nghymeryd ymaith oddiwrthynt, ar ryw noswaith rewllyd, oleu-glaer yn y gauaf, ac fy mod yn cael llawer o hyfrydwch yn edrych ar y sêr megys yn cyd-chwareu yn ddysglaer yn yr awyr, wrth ddyfod trwy y lle a elwir Bwlch y Castell tua Gwrthwynt' ('Buchedd-draeth', 124). Y Gwrthwynt Uchaf ym mhlwyf Trefilan ar lethrau'r Trichrug oedd hwn. Mae caledi diymgeledd ei fagwraeth yn un o'r pethau a bwysleisir yn yr adran o'r hunan-gofiant sy'n trafod blynyddoedd sir Aberteifi. At hyn gellid ychwanegu ei helyntion dyrys wrth fwrw ei brentisiaeth fel gof; ei ddeffroad barddol; ac yn olaf ei ddeffroad a'i gychwyniadau ysbrydol yn ardal Llangeitho. Gan ein bod mor ddibynnol ar y ffynhonnell hunangofiannol hon am yr hyn a wyddom am fywyd cynnar y gwrthrych, mae angen i ni fod yn effro i'w bwriadau a'i chymhellion: y cymhelliad 'ysbrydol' sy'n cael y lle blaenaf. Agorir gyda chyfeiriad at orchymyn Duw i feibion Israel yn Deuteronomium 8:2 i 'gofio yr holl ffordd yr arweiniodd yr Arglwydd eu Duw hwynt ynddi, y deugain mlynedd y buont yn teithio yn yr anialwch'. Mae'r cofio yma yn ddyletswydd ac yn weithred o ddiolchgarwch, felly, ac yn un a ddylai ennyn mawl i'r 'Arglwydd am ei ddaioni a'i ryfeddodau i mi y gwaelaf o feibion dynion' ('Buchedd-draeth', 124). Ond camarweiniol fyddai rhoi'r argraff ein bod yn cyson ymglywed â'r cymhelliad aruchel hwn ar dudalennau'r 'Fuchedd-draeth'; nid yw'r naratif sionc yn cael ei arafu ganddo. Nodwedd arall yw parodrwydd yr hunan-gofiannydd i weld egin y dyn yn y plentyn, yn enwedig egin gwendidau a thueddiadau seicolegol: 'mor ddigalon, gwylaidd, a chywilyddgar oeddwn y pryd hyny, ac yn wir ydwyf eto; mae teimladau felly yn reddfol yn fy nghyfansoddiad, a buont yn rhwystr ac yn fagl i mi filoedd o weithiau mewn lleoedd cyhoeddus, a chyda'r gwaith pwysfawr o bregethu'r efengyl i bechaduriaid' (125). Cawn ein temtio hefyd i gyfeirio at ei onestrwydd, ond mae'n ansicr i ba raddau yr ystyriai'r hunan-gofiannydd ei fod yn ysgrifennu'n arbennig o 'onest'; canfyddiad darllenwyr diweddarach yw hwnnw, darllenwyr sy'n gallu cyferbynnu dweud plaen hunangofianwyr fel James Hughes a gweniaith gonfensiynol, farwaidd llawer o gofiannau diwedd-arach y bedwaredd ganrif ar bymtheg.

Mae ei gyfeiriadau at ei deulu yn enghreifftio'r unplygrwydd hwn. Peth cymharol ddigysur a thrafferthus oedd cartref iddo ar wahanol adegau yn ei oes, yn ystod ei blentyndod ac ar ôl gwneud cartref iddo'i hun a magu teulu. Cafodd James Hughes gyfle i adnabod ei dad am 16 mlynedd gyntaf ei oes. Jenkin Hughes, 'Siencyn y gof' ar lafar yn y gymdogaeth, oedd ei dad, o Felin y Cwm ym mhlwyf Llanddewi Aber-arth. Ail wraig iddo oedd mam James, sef Elen o'r Pistyll Gwyn yng Nghiliau Aeron, a James oedd ei hunig blentyn. Roedd gan Siencyn bedwar plentyn hŷn gan ei wraig gyntaf, ac ni fu'n hir cyn priodi'r drydedd waith â gwraig weddw a chanddi dri o blant ei hun. 'Gwelwyd yn fuan', meddai'r hunangofiant, 'nas gallai y ddwy epil gydfyw yn gysurus yn yr un nyth, gan hyny gorfu ar blant y drydedd wraig fyned allan i weini' (124). Ond er bod y drydedd wraig yn tueddu i ffafrio ei phlant ei hun, digon tyner yw gwerthfawrogiad James Hughes ohoni, ac mae'n ddigon beirniadol o agwedd ei hanner brodyr a'i hanner chwiorydd tuag ati. 'Gallaf ddywedyd', meddai, 'i mi ei hanmharchu lai na hwynt, am fy mod yn ieuengach, ac iddi hithau ymddwyn tuag ataf, gystal ag y gallesid dysgwyl i lysfam' (124). Yn y gân hunangofiannol cyfeiriodd ati fel 'llysfam ddinam dda, / Tyner ydoedd i febinyn'. Wnawn ni ddim aralleirio crynodeb James Hughes o fywyd ei dad:

> Dyn cryf, gwrol, a go ddibris oedd fy nhad; yn grefftwr da, yn weithiwr caled, ac yn gydymaith difyr pa le bynag y byddai. O ba herwydd byddai ymofyn mawr am dano, a chroesaw caredig iddo yn mhob cymdeithas a chyfeddach, mewn priodasau a neithiorau, ffeiriau a marchnadoedd: a phur anaml y byddai byth gyfarfod gan y plwyfolion ar unrhyw achos plwyfol, na byddai rhaid cael Siencyn y gôf yno yn un o wyr y cynghor. Ac anaml iawn y gorphenid y cyfryw gyfarfodydd heb fyned i'r *Red Lion* neu y *Lamb* yn Nhal-y-sarn, a chadw y gyfeddach i fyny efallai tan haner nos. (124)

Yn ôl yr hunangofiant, cafodd James ('Jâms') rywfaint o addysg mewn ysgolion Cymraeg a Saesneg yn Nhrefilan a Chilcennin pan oedd rhwng 7 a 10 oed. Tri mis o ysgol Gymraeg a gafodd, digon i ddysgu darllen Cymraeg 'yn lled lew'. Medrai ddarllen llythrennau'r Beibl Saesneg yn rhwydd, meddai, ond heb eu hiawn ddeall. At yr 'Arminiaid' yng Nghiliau Aeron yr âi ei lysfam ar y Sul, ond âi'r mab gyda'r tad i gapel yr Annibynwyr yng Nghilcennin, ac mae'n nodi'r effeithiau a gafodd pregeth rymus gan David Davies, Abertawe arno. Dydd Calan oedd y diwrnod, a'r testun argoelus a gododd y pregethwr oedd Jeremeia 28:16: 'O fewn y flwyddyn hon y byddi farw.' Cofio cael ei ddychryn yn fawr a wnaeth yr hunangofiannydd, 'a fy mod yn wylo yn hidl tra parâodd y bregeth gan ofni marw, ond buan yr ymiacheais ac yr aeth yr effeithiau ymaith' (125). Yr oedd rhyw ddiddordeb mewn crefydd a phrydyddu yn dechrau ystwyrian ym meddwl y bachgen, ac yn wir cofiai iddo roi ei fryd ar 'fod yn bregethwr ac yn brydydd pan y deuwn yn ddyn' (126). Ac er i ddylanwadau sobreiddiol pregeth David Davies gilio, daeth James Hughes i gysylltiad â'r Methodistiaid a arferai gwrdd yn y Gelli yn Nhal-sarn ger ei gartref. Rhyw apêl deimladwy a synhwyrus oedd i'r hyn a glywai yn y lle cyntaf:

> Byddwn inau yn cael myned yno yn aml iawn ar ol gosod y defaid yn y gorlan, ac yn hoffi gwrando llefarwyr y corff hwnw yn anghyffredin, gan mor danllyd, bywiog a pheraidd y byddent yn llefaru. Byddai yno awelon hyfryd, a gorfoledd mawr yn gyffredin, yr hyn oeddwn i yn ei garu yn rhyfedd, er nad oeddwn i fy hun yn cael dim o hono, eto yr oedd yn cael argraff sobr ar fy meddwl a'm teimladau. Pryd nas gallwn i fyned yno, llawer gwaith y bum yn sefyll gyda'r nos yn yr hâf yn gwrandaw arnynt yn canu ac yn gorfoleddu, myfi ar ben bryn uchel ar dir fy nhad, a hwythau odditanaf yn myned i'w cartrefleoedd ar hyd dyffryn glan Aeron. Yr oedd megys nefoedd genyf glywed sain cân a moliant y tyrfaoedd hyn . . . (126)

I werthfawrogi'r darlun hwn yn llawn rhaid tramwyo'r ffordd uchel rhwng Cilcennin a Threfilan, ac oedi uwch harddwch trawiadol y dyffryn islaw. Mae'r dyfyniad hefyd yn awgrymu rhyw fesur o ddedwyddwch teuluol 'ar dir fy nhad' wrth i'r crwt gael caniatâd i fynd i wrando'r pregethwr ar ôl gorffen ei orchwylion. Ond dedwyddwch byrhoedlog ydoedd; yn fuan ar ôl hyn, mae'n rhaid, yr aeth Siencyn y gof i drafferthion a phenderfynu ei throi hi am yr Amerig. Ei hoffter o'r gyfeddach oedd gwreiddyn ei helbulon, yn ôl tystiolaeth y mab:

Hyny, yn nghyd ag anniddigrwydd gartref, a wnaeth fy nhad yn yfwr go drwm, ac yn llawer rhy ddifater am ei deulu a'i amgylchiadau; nes o'r diwedd iddo i raddau mawr ddibrisio ei hun, ein gadael oll, a chymeryd ei hudo i fyned gyda llawer ereill i'r America, lle y mae eto, byw neu farw. Hyn a ddigwyddodd pan oedd efe tua haner cant oed, a minnau yn un ar bymtheg. (124-5)

Gwelir nad yw James Hughes yn rhoi'r bai ar neb na dim ond ei dad; ond byddai haneswyr diweddarach, mae'n debyg, am achub cam Siencyn trwy ei wneud yn un enghraifft yn unig o'r ymfudo mawr yr oedd ei achos a'i gymhelliad yn y bôn yn un gwleidyddol-economaidd. Nid fel rhan o'r 'nationalist and millenarian migration to the USA', chwedl Gwyn A. Williams (*The Search for Beulah Land*, 12), y gwelai James, na neb arall ar y pryd, mae'n siŵr, ymadawiad ei dad. Mae'n werth darllen sylwadau yr hanesydd hwn am amodau'r 1790au yng nghefn gwlad Ceredigion ochr yn ochr â hunangofiant James Hughes. Mae'r naill yn lliwio'n frwd afieithus: 'During those 1790s and into the 1800s, in some parts of Cardiganshire, Carmarthenshire and Pembrokeshire . . . there was something of an Irish atmosphere' (*The Search for Beulah Land*, 13). Dadleuai rhai fod yr hunangofiannydd, ar y llaw arall, yn tynnu lliw, yn cau allan, yn oddefol geidwadol, unrhyw sôn am gyffroadau gwleidyddol a geisiai ymateb i'r amodau economaidd a'i gyrrai ef, yn y man, o'i gynefin.

Bu dylanwad cyfarfodydd y Gelli Deg am gyfnod yn sylweddol, gyda'r bachgen ifanc yn 'darllen llawer ar y Beibl, yn canu hymnau gyda blas mawr, ac yn gweddio llawer yn fy ffordd i, ar fy mhen fy hun, wrth fugeilio defaid ac anifeiliaid fy Nhad' (154). Ond eto cilio a wnaeth yr argraffiadau: 'oerodd y diwygiad oedd y pryd hyny yn y gymydogaeth, ac oerais inau gydag ef.' Mae'r defnydd o'r gair 'diwygiad' yn ein cyfeirio ni at gyd-destun amlwg, sef ei agosrwydd at Langeitho, prif ganolfan Methodistiaeth Galfinaidd Cymru yn rhinwedd pregethu grymus ac arddeledig Daniel Rowland, a fu farw yn 1790. Ond caledu fu hanes James, meddai, gan ddysgu tyngu a rhegi gan rai o'i gyd-fugeiliaid, a methu'n lân â rheoli ei dafod pan geisiai ymddisgyblu i wneud hynny. Ac er mor drylwyr ei argyhoeddiad o ddrygioni'r arfer, methodd ei 'lwyr orchfygu am flynyddau ar ol hyn' (155). Dyma'r adeg hefyd, meddai, ac yntau bellach yn 15 neu 16 oed, pan ddechreuodd 'ymhoewi a blasu ar wagedd ieuenctid' (155). Tebyg mai cyfeirio'n benodol at ddiddordebau carwriaethol sydd yma, gan mai perthynas â merch ifanc yn yr ardal ('cyfeillach a chariad mawr' yw geiriau'r 'Fuchedd-draeth') a'i rhwystrodd rhag mynd gyda'i dad i'r Unol Daleithiau fel y trefnwyd. Ac eto, cymaint ei hoffter o'i dad fel na allai ddioddef ffarwelio ag ef:

> Tra yr oedd yr hen wr yn cymryd ei foreufwyd, a'i bryd diweddaf yn ei hen gartref cyn ei gychwyn i'w daith annychweledig, aethum i ymaith yn lledradaidd, ac nis dychwelais tan yr hwyr; oblegid nis gallasai fy nheimladau i ddal i ganu'n iach i fy nhad ar ei ymadawiad . . . (155)

Pa wendidau bynnag a berthynai i Jenkin Hughes, yr oedd ei fudo yn ergyd galed i James, ac yn ddechrau cyfnod llwm a phrudd yn ei hanes: 'Wedi colli fy nhad, nid oedd cartref ond lle oer i mi, cymerodd fy mrawd hynaf bob peth yno yn ei law a'i feddiant ei hun, yn ol cytundeb rhwng fy nhad ag yntau' (155). Ni ddaeth iddo'r arian a addawyd iddo, a bu ei linynnau'n hir cyn disgyn i leoedd hyfryd. Cael prentisiaeth iddo oedd y nod; treuliodd gyfnodau byr yn yr Ynys Hir, Llanddewi Aber-arth (ar ôl ymgyflogi mewn ffair heb ddweud wrth ei frawd) ac yn Felin Cilcennin, pan fethodd ei frawd gytuno ar bris gyda'r gof y bwriadwyd iddo dreulio'i brentisiaeth gydag ef. Yn y diwedd cafodd brentisiaeth ddwy flynedd gyda Dafydd Jenkins (Dai'r Gof Tŷ-nant) ger Capel Gartheli ym mhlwyf Llanddewibrefi. Roedd rhan helaethaf y cyfnod hwn rhwng yr 16 a'r 18 oed yn un galed i'r llanc ac yn un ddioddefus iddo o ran ei iechyd. Er bod yr hunangofiannydd canol oed yn cydnabod daioni rhagluniaethol Duw tuag ato, nid yw hynny'n dirymu'r atgofion llym am brofedigaethau chwerwon y cyfnod. Mae'n amlwg i'r mab gael ei glwyfo, gorff ac enaid, gan ymadawiad ei dad. Dirywiodd ei iechyd ar aelwyd ddieithr, ddigysur; datblygodd 'rhyw ddoluriau dyfrllyd, poenus' ar ei goesau a digalondid dwfn yn ei galon:

Nid oedd genyf na chartref, nac arian, na dillad, na thad na mam i ddywedyd fy nghwyn wrthynt, nac i wneuthur i mi un ymgeledd. Dim ond dwy chwaer dlodion, drafferthus, yn mhell oddiwrthyf, a brawd digon oer bob amser, ond erbyn hyn wedi ei briodi, a mwy disylw nac arferol o honof fi. Heblaw hyn oll, nid oedd fy meistr ond dyn digon traws a drelaidd, heb ddim cydymdeimlad a mi: yn brentis ieuanc, anfedrus, llwfr a digalon. (156)

Gwellodd pethau yn ystod yr ail flwyddyn. Daeth i gysylltiad â meddyg o'r enw Dafydd Jones a ddywedodd wrtho'n syth mai *ulcers* oedd ar ei goesau, gan ei hysbysu o'r moddion priodol ar eu cyfer. Cododd rywfaint ar ei galon yn sgil ei adferiad corfforol ac wrth iddo ddod yn fwy dechau yn yr efail. Yna wrth iddo dynnu at ddiwedd ei brentisiaeth yn ail hanner 1797, daeth cyffro ysbrydol parhaol ei ddylanwad i'w ran. Sylwasai eisoes fod tymer grefyddol Llangeitho a'r cylch yn wahanol i'r hyn a gofiai yng Nghilcennin, a mwy o ddifrifoldeb yn perthyn i'r crefyddwyr. Doedd hynny ddim wrth ei fodd yn y lle cyntaf, ond daeth tro ar ei agwedd a'i gyflwr wrth iddo gael ei gyffwrdd gan effeithiau adfywiad amlwg a grymus yn Llangeitho ac Abermeurig. Ymhen deugain mlynedd nid oedd ganddo amheuaeth iddo fod yn dyst i ddiwygiad yn 1797. 'O frawd!', meddai mewn llythyr at David Jones, Llangeitho, yn 1837, 'Yr oedd hi yn amser hyfryd a nefolaidd iawn ar hyd yr ardal yna ddeugain mlynedd i'r misoedd hyn, pan yr oedd yr Arglwydd mawr trwy ei weision yn canu âg udgorn, ac yn cerdded â chorwyntoedd y deheu. Rhyfedd y cynhwrf a fu yn mhlith yr esgyrn sychion y pryd hwnnw – y diwygiad olaf a welais i yng Nghymru' (*Y Geiniogwerth,* 1848, 36-8; *James Hughes,* 236-40).

Mae ei gofnod ef o'r Sul allweddol yn ei hanes yn sôn amdano'n mynd i wrando'r pregethwr gwadd, Dafydd Parry, yn y bore mewn cyflwr difraw 'ac mor anystyriol agos ag anifail' (157), ac yn wir yn gadael yr oedfa yn yr un cyflwr. Mynd i oedfa'r nos wedyn i'r 'Gelli, lle byddai odfeuon gwlithog a hwylus agos bob amser', ond mynd am mai dyna a wnâi ei gyfoedion, ac o ran ei agwedd ei hun, 'yn hollol ddifeddwl, a diymofyn am iechydwriaeth fy enaid'. Dyma'i ddisgrifiad o'r hyn a ddigwyddodd iddo yn ystod pregeth Dafydd Parry ar Ganiad Solomon 3:6:

Nid wyf yn cofio yr un gair o'r bregeth hono chwaith, ond yr wyf yn cofio bod rhyw bereidd-dra rhyfedd yn llais y pregethwr, a rhyw dywalltiadau nefol ar y gynulleidfa yn gyffredin. Tua chanol y bregeth dysgynodd rhywbeth grymus a hyfryd iawn arnaf finau, ac nis gallaswn fodd yn y byd ymatal heb ddywedyd 'Amen' yn lled uchel; clywodd amryw ag oedd nesaf ataf, ac o fy nghwmpas, fi yn dywedyd y gair hwn, yr hwn nis clywsai neb mo honof yn ei ddywedyd erioed o'r blaen; aeth yn syn ac yn orfoledd ganddynt ar unwaith, edrychasant arnaf gyda gwên siriol, a dagrau o lawenydd, ac nis gallai rhai o honynt beidio rhoddi eu breichiau am fy ngwddf. Yr oedd arnaf finau fawr gywilydd erbyn hyn, – ond yr oedd pethau wedi myned yn rhy bell, a'm teimladau inau yn rhy doddedig, nis gallwn ymatal heb wylo. (157)

Wrth gyflwyno marwnad o waith D. E. Morris i'r Parch. Dafydd Parry, Llangamarch yn ddiweddarach, 'un o'r rhai mwyaf todd-edig ac effeithiol o'r holl hen bregethwyr' yn ôl Owen Thomas (*Cofiant y Parchedig John Jones, Talsarn*, 940), dywedodd James Hughes yn fwy pendant mai pregeth Dafydd Parry oedd achlysur ei ddyfodiad at wir grefydd: 'os cefais i dröedigaeth a dychweliad at yr Arglwydd erioed, yr wyf yn meddwl yn sicr, mai drwyddo ef y cefais' (*Goleuad Cymru*, Gorffennaf 1828, 450).

Yr hyn sy'n drawiadol yn adroddiad y 'Fuchedd-draeth' yw'r pwyslais ar synwyrusrwydd teimladwy'r profiad yn hytrach nag ar gynnwys athrawiaethol yr hyn a bregethwyd. Cofio'r llais peraidd a'r testun barddonol, ond cofio dim o'r sylwedd. Ac wrth nodi mesur o gywilydd ar ôl yr 'amen' hyglyw, onid awgrymir rhyw ildio i wres y funud a'i bwysau? Os cofnodi tywalltiad o'r Ysbryd Glân a fwriedid, glynir at yr ieithwedd argraffiadol, anniwinyddol, 'rhywbeth grymus a hyfryd iawn'. Er bod James Hughes yn closio at y Methodistiaid ar ôl y profiad hwn, yn mynnu mai ei 'holl bleser oedd gweddio yn ddirgel ar hyd y caeau, y cloddiau, a'r coedydd' ac 'ymddyddan a phobl grefyddol yn nghylch crefydd' a 'myned ar y Sabbothau i wrando pregethau' (157), eto i gyd ni ddaethai sefydlogrwydd ysbrydol i'w ran. Mae'n wir iddo gael ei dderbyn i'r seiat yn Llangeitho ar sail ei brofiad, ond mae'r arolwg canol oed o'r cyfnod yn un treiddgar: 'Tybiais bod y frwydr wedi ei henill, cyn i mi yn iawn wisgo'r arfau' (158). Wrth gymharu pererindod James Hughes ag un o'i gyfoedion, Ann Thomas o Ddolwar Fach, Llanfihangel-yng-Ngwynfa, gwamalrwydd chwit-chwat blynyddoedd cynnar y llanc o Ddyffryn Aeron sy'n ein taro. Gyrfa fer eirias o ymgysegriad unplyg oedd rhan Ann, ond milwr ysbrydol anniben yn profi cyfnodau o oeri a gwrthgilio a fu James Hughes tan 1806.

Doedd bod dan fawd Dai'r Gof ddim wedi hwyluso'i gysylltiadau crefyddol. Roedd y gof yn wrthwynebus i'w ddiddordeb newydd, ac yn daer am gael ei gymorth i grwydro'r wlad i gynnal dosbarthiadau canu a gadwai'r prentis allan tan oriau mân y bore. Pan ddaeth y brentisiaeth i ben, cododd James ei bac ar unwaith, 'heb gymaint a dywedyd wrtho "Nos Dawch"' (205). Ni wna'r hunangofiannydd o bregethwr unrhyw ymgais i greu adroddiad llednais sy'n sôn am faddeuant neu gymod. Yn hytrach, 'yr oedd ei ymddygiad tuag ataf, rywfodd, wedi peri i mi ei gasâu, fel yr oedd yn llawen genyf gael ymadael ag ef; ac nis gwelais ef ond unwaith o'r dydd hwnw hyd heddyw. Nid oedd yr ymddiddan y tro hwnw ond ychydig iawn, a sych ddigon' (205).

Cafodd le am dri mis yn Llanddewi Aber-arth gydag un o hen ffrindiau ei dad, Siôn Evan Dafydd, 'dyn gwyllt a drwgnwydus iawn' a oedd, yn ogystal â bod yn of, 'yn dafarnwr, yn amaethydd, yn fochwr, ac yn dal cwningod ar hyd yr holl wlad' (205). O ganlyniad gadawai'r efail yng ngofal y gŵr ifanc 18 oed, a hwnnw'n methu dod i ben. Roedd ei dynnu o dân Llangeitho wedi ei oeri'n ysbrydol hefyd, ac roedd wrth ei fodd pan ddaeth cyfle tua'r Pasg 1798 i symud yn ôl i gylch Llangeitho, at Wil Siôn Hugh, Ffynnon Geitho, oherwydd 'yr oedd fy holl gyfeillion i er pan aethum i'r *society*, o amgylch Llangeitho, a'm holl dyniad at yr ardal hono' (205). Cafodd aelwyd groesawgar, garuaidd, yn Ffynnon Geitho – 'yr oeddwn fel un o'r teulu' – a chytundeb gwaith am flwyddyn yn y lle cyntaf ac ar delerau wythnosol ar ôl hynny. Ond roedd yn gyfnod anodd, yn gyfnod o ddirwasgiad yn yr ardaloedd gwledig, ac ar ôl naw mis o'r ail flwyddyn yno aethai'n amhosibl cynnal gweithiwr; yn wir, 'aeth yr amser mor ddrwg a'r arian mor brin, fel braidd y gallai efe gael bwyd i'r tŷ,

chwaethach prynu glô a haiarn a thalu cyflog gweithiwr' (205). A
doedd y cyfnod yn Ffynnon Geitho yn ystod 1798-9 ddim yn fêl i
gyd o safbwynt ysbrydol ychwaith, yn sicr nid yng ngolwg yr
hunangofiannydd adfyfyriol. Er disgwyl adferiad ysbrydol wrth
ddychwelyd i fro ei dröedigaeth a hen ardal Daniel Rowland, nid
felly y bu. Gŵr dibriod ('hen fab') oedd ei feistr, yn byw gyda'i
ddau frawd dibriod a'u rhieni. Roedd gan bawb heblaw'r hen ŵr
broffes grefyddol, ond mae'r 'Fuchedd-draeth' yn feirniadol o
lacrwydd eu hymarweddiad, ac yn enwedig o arfer y brodyr o
fynd allan gyda'r nos a'i dynnu ef gyda nhw 'i'r un oferedd, yr hyn
a brofais i yn niweidiol i symledd crefyddol' (205). Roedd hwn yn
wendid ehangach ymysg proffeswyr yr ardal, yn enwedig y bobl
ifainc, fe ymddengys, 'y rhai, er fod ganddynt enw o grefydd, eto,
ysgafn a llygredig iawn oeddynt, a llygrent finau wrth
gymdeithasu â hwynt' (205). Geiriad gofalus a ddefnyddir yn yr
hunangofiant. Mae cyfeiriad mewn llythyr at gyfaill yn ei
gwneud hi'n eglur mai cyfeirio at boblogrwydd yr arfer o 'garu yn
y gwely' ymysg Cristnogion ifainc a wneir. Mewn llythyr
dadlennol a ysgrifennodd at David Jones, Dolau Bach,
Llangeitho, yn 1839, mae'n gresynu bod 'yr hen arferiad ffiaidd
yn parhau o gyfeillachu â meibion anniwair ar hyd y nos, mewn
gwelyau, ac ar hyd taflodau ac ysguboriau. Mae ein gwlad yn
ddiareb warthus, hyd yn nod ymhlith y Seison, ac yng nghanol
Llundain, am yr arfer gywilyddus honno' (*James Hughes*, 241;
LLGC, AMC, 7644). Roedd y ddefod wedi gwreiddio mor ddwfn
yng nghymdogaeth ei ieuenctid fel bod 'ieuenctid y diwygiad
mawr yn 1797' yn dal i'w dilyn. Erbyn 1839 mae parhad ystyfnig
yr arfer yn achos dryswch ac embaras i Gymry crefyddol
Llundain, sy'n ei theimlo 'yn gywilydd dirfawr fod arfer yn cael ei
choledd gennym ni na oddefid yn mhlith y mwyaf digrefydd
ohonynt hwy'. Ac mae'n cyffesu'n agored wrth David Jones iddo
gyfranogi o'r arfer, er mawr ddrwg iddo: 'Cefais i fy hun fy llygru
a'm niweidio yn ddirfawr gan yr arfer adgas uchod, a chan
feibion crefyddol hynach a chaletach na mi ynddi, cyn i mi
gyrhaeddyd fy ugain oed' (*James Hughes*, 243). Droeon cawn y
James Hughes aeddfed yn rhybuddio'r ifainc ynghylch eu

buchedd, a'r cof edifeiriol am ddyddiau Llangeitho yw un o'i brif gymhellion.

Bu'n rhaid symud o Langeitho. Ond i ble? Doedd dim gwaith yn y fro, ac mewn ffair gyflogi yn Aberaeron fe'i perswadiwyd gan gefnder iddo i ddilyn llwybr cannoedd o'r fro i Lundain. Mae'n cofnodi ei ymadawiad â Sir Aberteifi yn y dull ffeithiol difaldod sy'n nodweddu'r hunangofiant drwyddo:

> Felly, ar y boreu nodedig, gadewais dŷ fy mrawd (tŷ fy nhad, a'm tŷ inau unwaith) am byth. Danfonodd fy mrawd ei was a cheffyl i'm danfon am ychydig ffordd; eithr ni chododd efe ei hun o'i wely gymaint ag i ysgwyd llaw â mi. ('Buchedd-draeth', 206)

Mae hanes ei daith drafferthus, golledus i Lundain yn ddarn difyr a grymus o ryddiaith. Prin y gellid llunio adroddiad mwy gwrtharwrol o daith Cymro uniaith i 'Gaerludd'. Roedd y ffordd yn un gyfarwydd i drigolion Tregaron a'r cylch trwy hen gysylltiadau'r porthmyn; yn y cyfnod dan sylw âi llawer o fenywod yr ardal i weithio yng ngerddi a phharciau'r brifddinas dros y gwanwyn a'r haf (gw. John Williams Davies, 'Merched y Gerddi'). Ymhen amser byddai James Hughes yn fawr ei ofal dros y menywod hyn, 'merched y gerddi' fel y'u gelwid, ac yn ceisio gofalu bod ei gydnabod yn eu plith yn cael hyd i lety addas. Byddai'r cof am ei drafferthion ef fel newydd-ddyfodiad i'r lle yn sicr o ddyfnhau ei dosturi tuag atynt. Aeth gyda'i gefnder a theithwyr eraill ryw fore Gwener, a chael brecwast yn Llanbed lle bu'n rhaid iddo newid *gini*, yr unig arian yn ei feddiant, a chael ei dwyllo fwy na thebyg trwy dderbyn darn drwg o arian yn newid gan dafarnwr y *Royal Oak* a oedd yn hen gydnabod iddo. Cyrraedd Llanymddyfri y noson honno, yna'r Fenni drannoeth, a'r 'Rosau' 24 awr yn ddiweddarach. Yno y gwrthododd y lletywraig ei hanner coron ddrwg gyda'r geiriau cwbl annealladwy i'r Cymro uniaith, 'It is a badun'. Erbyn cyrraedd Rhydychen aethai drwy ei arian i gyd a gorfod benthyg gan ei gefnder, hyn ar ben y dyledion a adawsai ar ei ôl yng Nghymru, dyledion y llwyddodd i'w had-dalu ar ôl dechrau ennill. Bron wythnos yn ddiweddarach ar y prynhawn Iau y cyrhaeddwyd Llundain, 'ac yn sicr', meddai'r hunangofiant, 'ni bu neb mwy gwirion a mulaidd o'i mewn erioed o'r blaen, heb geiniog o arian, heb braidd air o Seisneg, ac heb nemawr ddim gwybodaeth am fy nghelfyddyd, i ymofyn am waith yn y Brifddinas' (206). Er mor druenus yr hanes, pan gyrhaeddodd ben y daith roedd ganddo rwydwaith teuluol Cymreig yn gefn iddo. Câi aros gyda 'rhyw gares' a chael ei fwyd gyda brawd arall iddo yn Whitechapel. Ond priodasai hwnnw Saesnes, a Saesneg oedd iaith yr aelwyd, peth a ddiflasai Jâms, gan fod ynddo, meddai, 'gasineb greddfol at yr iaith a'r trigolion a'i siaradai. Yr oeddwn i yn cofio darllen "Brâd y Cyllyll Hirion" yn *Nrych y Prif Oesoedd*, ac yn barod i ddywedyd bob amser, "Caraf dra chas Lloegr"' (207). Roedd y brawd wedi cael gwaith iddo mewn gefail bedoli, ond anfodlon ei fyd oedd y Cymro bach yno, yn cael ei wawdio am ei anfedrusrwydd. Un diwrnod, gyda'r byrbwylltra a'i nodweddai o bryd i'w gilydd, cafodd ddigon: 'ymaflais yn nghongl fy arffedog fel be buaswn yn myned i wneuthur dwfr, ac allan a mi idd yr heol, ac ni ddychwelais yno mwyach' (207). Roedd yn rhaid i'r alltud wrth gymdeithas Gymraeg, ac fe wyddai ble i'w chael.

II

GLANNAU TAFWYS 1799-1844

Un o garfan niferus o weithwyr mudol oedd y gof ifanc. Gwyddai
fod degau os nad cannoedd o'i gydwladwyr a'i gymrodorion yn
gweithio yn yr ierdydd llongau yn Deptford, ar lan ddeheuol afon
Tafwys, mewn ardal oedd yn prysur ddatblygu ond y gellid
defnyddio'r ymadrodd 'ger Llundain' o hyd i nodi ei safle
daearyddol. Roedd prysurdeb y gwaith yno yn dibynnu ar hynt a
helynt y rhyfel rhwng Prydain a Ffrainc. Bu James Hughes yn
gweithio mewn dwy iard. Aeth o'i weithle gwrthnysig yn yr efail
bedoli i iard y Tŷ Coch, fel y'i gelwid gan y Cymry. Mae cynildeb
brawddegau fel 'treiglais, a chefais fy ffordd rywfodd i Deptford'
yn peri i'r darllenydd resynu na chafwyd hunangofiant llawnach
o dipyn. Yn yr iard yn Deptford, 'gwelais laweroedd o fy hen
gydnabyddion yn Nghymru, a mawr yr hiraeth a godasant arnaf
am gael bod yn eu plith' (227). Er cael cerydd gan ei frawd am
adael y gweithle a drefnodd iddo, 'i Deptford y mynwn i fyned, lle
yr oedd digon o Gymry'. Ac yno yr aeth, a gweithio yno am
flwyddyn a naw mis cyn cael ei ddiswyddo gyda channoedd o
weithwyr eraill pan ddaeth y rhyfela i ben ddiwedd Hydref 1801.
Roedd yn glaf ar y pryd, a phan wellodd roedd yn ddi-waith a heb
fawr ddim arian ganddo. Am rai wythnosau bu'n dibynnu,
meddai, ar waith achlysurol ar fyrddau llongau ar yr afon. Sut
fyw oedd hynny iddo, tybed, a chofio am fraster siarad diarhebol
dynion yr afonydd (Peter Ackroyd, *London, The Biography*, 553)?
Ond daeth agoriad iddo wneud gwaith gof yn iard y Brenin, y
King's Dock Yard, a dechreuodd weithio yno ddiwedd 1801, ac

aros yno, meddai, 'hyd yr wythnos gyntaf o'r flwyddyn 1823, sef 21 o flynyddoedd ac un wythnos' (229).

Rhydd fwy o sylw i'w ymdaith ysbrydol nag i faterion cyflogaeth. Ceir ganddo ddarlun arwyddocaol o'r dyddiau yn iard y Tŷ Coch, a'r modd y daeth y Cymry crefyddol i adnabod ei gilydd ac i ddymuno mwynhau cymdeithas â'i gilydd: 'Yr oedd yn naturiol ini gwyno ein hamddifadrwydd o foddion, ac i ystyried pa beth a wnaem yn ein cyflwr alltudaidd presenol' (228). Roedd amgylchiadau'r alltudion, meddai wedyn, 'o barth crefydd a breintiau crefyddol yn ddigon tebyg i'r Iuddewon yn Babylon – pob un a'i delyn ar yr helyg' (227-8). Ceiswyr lloches ysbrydol oeddynt, felly, a chan nad oedd achos Cymraeg yn y cyffiniau, fe'i ceisient yng nghyfeillach ei gilydd a thrwy roi trefn reolaidd ar y gyfeillach honno. Gwyddent am 'eglwys gorfforedig o Drefnyddion Calfinaidd Cymreig yn Wilderness Row', ond dywedir bod yr achos yn ddilewyrch ar y pryd, ac 'yn mhell o Deptford, a ninau yn ddyeithriaid a gwladaidd iawn gyda'n gilydd' (228). Nid oedd bregethwr yn eu plith, ond bodlonent ar ddarllen y Beibl a gweddïo, rhyw ugain ohonynt, a rhannu'r gost o logi ystafell mewn stryd o'r enw Back Lane, gyferbyn â thafarn y *Sheer Hulk* a gedwid gan Gymry. (Yn Back Lane y bu James Hughes yn byw am flynyddoedd.) Er profi gwawd a dirmyg (gan wraig a phlant y tŷ tafarn yn enwedig), tystiai James Hughes fel hyn: 'er ein bod yn ychydig, yn dlodion, heb un pregethwr, ac yn nghanol bro estronol, eto cyfarfu yr Arglwydd â ni yn ddiau lawer gwaith' (228). 'Llawer gwaith', meddai, wrth olrhain dechreuadau'r achos yn 1828, 'gwelais yr hen delynau Cymreig wedi eu tŷnu oddi ar yr helyg, a'r hen boblach yn tori allan mewn sain cân a moliant, fel tyrfa yn cadw gwyl' (*Goleuad Cymru*, Mai 1828, 394). Datblygodd y gwaith, ond nid heb drafferthion. Daeth Daniel Jenkins, mab-yng-nghyfraith i Daniel Rowland, atynt i bregethu rai misoedd ar ôl iddynt gychwyn yr achos; symudwyd i ystafell fwy, ond pur anffafriol o ran amgylchiadau, fel y cofnododd y 'Fuchedd-draeth' yn fyw: 'Cymerasom hen ystafell go fawr, ond adfeiliedig a phur ddidrefn, wrth gefn y tai yn yr heolan a elwir Barn's Alley. Yr oedd hon yn gymwys y tu ol i ardd y tŷ tafarn rhagddywededig, a chut moch y tafarnwr yn pwyso ar ein mur cefn ni (mur nid oedd, eithr estyll teneuon ydoedd), ac yn y man y clywai plant y tŷ tafarn ni yn dechreu y moddion, yno y byddent, un ai yn taflu ceryg yn erbyn ein haddoldy ni, neu ynteu yn aflonyddu y moch yn y cut, i beri iddynt wichian a rhochio i'n haflonyddu ninau, a'u drygsawr hefyd agos bob amser yn dra ffiaidd i'r arogl' (228-9). Daeth yr achos bach i sylw Mr Jones, Cymro o offeiriad o Lewisham, a weinyddodd swper yr Arglwydd iddynt am gyfnod, tan iddo ddeall dyfnder eu hymlyniad wrth gorff y Methodistiaid yng Nghymru. Er i'r praidd bychan gael blas ar borfeydd gwelltog yn ystod y dyddiau cynnar yma, digwyddai rhai pethau a dueddai i'w drysu a'u dychryn. Roedd erledigaeth o'r tu allan o'r math a nodwyd uchod yn beth i'w ddisgwyl, ac yn debyg o beri iddynt wasgu yn y rhengoedd ac edrych fry am gynhaliaeth. Mwy difaol i ysbryd eglwysi yw anghydweld a chwympo ma's o fewn y gwersyll. Clwyfwyd y gymdeithas fechan yn sicr gan dro disymwth ffeirad Lewisham, a chan ymddygiad rhyw Mr Church, 'hen Gymro o Aberhonddu' a fu yn eu plith am gyfnod. Ac yn gefnlen annifyr i holl weithgarwch y Methodistiaid Cymraeg yn Llundain yn ystod y blynyddoedd hyn yr oedd personoliaeth ac ymddygiad Edward Jones, arweinydd yr achos yn Wilderness Row, Clerkenwell. Yn y 'Fuchedd-draeth' cyfeirir yn swta at berthynas Daniel Jenkins ac Edward Jones: 'Yr oedd Mr. Jenkins hefyd erbyn hyn wedi myned yn mhell yn ei gweryl atgas â Mr. Edward Jones, o Wilderness-row, am yr hyn nid yw yn perthyn i mi grybwyll yma' (229).

Gellir deall amharodrwydd James Hughes, gweinidog Jewin erbyn hynny, i bigo hen grachen clwyf a wnaeth gymaint o ddrwg i achos y Methodistiaid Cymraeg yn Llundain. Adroddwyd yr hanes yn llawn gan Gomer Roberts (*Y Ddinas Gadarn*, 22-36). Gwreiddyn yr anghydfod oedd penderfyniad Edward Jones i ddisgyblu dau o feibion-yng-nghyfraith Daniel Jenkins am ieuo'n anghymarus, gan nad oedd merched Daniel Jenkins yn gyflawn aelodau mewn eglwys. Gwelid hyn fel enghraifft eithafol o duedd dra-arglwyddiaethol Edward Jones, a fuasai'n gymeriad canolog yn natblygiad y gwaith yn Llundain ers degawdau. Rhoes Jones wedyn achos i'w elynion ei gollfarnu trwy ymddwyn yn annoeth ar ôl marwolaeth ei wraig gyntaf, a'i gael ei hun yn wynebu achos o dorri amod. Bu hyn yn foddion i ddwyn y ffrae i sylw cylch ehangach, ac roedd yn fêl ar fysedd gwrthwynebwyr y Methodistiaid. Cyhoeddodd y Cymreigyddion ym Mawrth 1801 lyfryn gwawdlyd yn cynnwys hanes yr achos llys, darnau o lythyrau Edward Jones at y ferch ifanc 28 oed a ddygodd yr achos yn ei erbyn, ynghyd â chân ddychanol gan Jac Glan-y-gors (*Llythyrau Mr Edw. Jones*). Ceisiodd corff y Methodistiaid yng Nghymru reoli'r sefyllfa ond arweiniodd ystyfnigrwydd Edward Jones at rwyg yng nghapel Wilderness Row, achlysur a sbardunodd awen ddychanol Glan-y-gors eilwaith (E. G. Millward, *Cerddi Jac Glan-y-gors*, 52-9). Ni pheidiodd yr helynt tan i Edward Jones a Daniel Jenkins ill dau ddychwelyd i'w hen ardaloedd yng Nghymru. O safbwynt datblygiad James Hughes y peth pwysig yw hyn: yn ystod ei ddwy flynedd gyntaf yn Llundain gallai dystio i'r mwynhad mawr a gâi yng nghymdeithas ei frodyr a'i chwiorydd yn y ffydd yn Deptford wrth iddo fod yn rhan o waith ifanc yn tyfu ac yn blodeuo yn nannedd erledigaeth ac er pob anhawster. Yr hyn nad yw'n dewis manylu arno yw bod hwn hefyd yn gyfnod o gynnen a chwerwder a diflastod o fewn gwaith ehangach y Methodistiaid Cymraeg yn y cylch. Er nad yw James Hughes yn rhoi'r awgrym lleiaf y byddai am briodoli ei wrthgiliad ef yn y blynyddoedd sy'n dilyn i'r helyntion hyn, mae'n wir bod anghydfod di-ras o'r fath yn sicr o ddadrithio gwir grefyddwyr ac o oeri eu sêl.

Oeri yn sicr a wnaeth James Hughes am flynyddoedd ar ôl hyn, ond mynnai ddwyn yr holl gyfrifoldeb am hynny. Yn ôl ei ddadansoddiad aeddfed ef o'r dyddiau hyn, mesur o lwyddiant bydol a'i baglodd:

Ond fel yr oeddwn i yn enill tir o barth yr iaith a'r gwaith yn y *yard*, ac yn ymgyfeillachu â'm cydweithwyr, yr oeddwn yn colli tir mewn crefydd a phethau ysbrydol; tynodd cyfeillachu drwg fi yn aml i'r dafarn, felly bob yn dipyn aethum yn hoff o gyfeddach a diota. O gylch yr amser hyn hefyd, dechreuais gael blas rhyfeddol ar bob

JAMES HUGHES

math o lyfrau ofer a gwageddawl, megys newyddiaint (*novels*), rhamantau (*romances*), a llyfrau chwarëyddiaethau o bob math, a'r cwbl dan yr esgus ffol o ddysgu darllen Saes'neg. Erbyn hyn yr oedd genyf ychydig ddillad go drwsiadus am danaf, a cheiniog yn fy llogell mwy nag a fyddai arferawl genyf o'r blaen; ac yn lle bod yn ddiolchgar i'r Arglwydd am ei ofal am danaf, a'i diriondeb tuag ataf, yn adferu fy iechyd, ac agor drws i mi gael gwaith, ymhoewi'n gnawdol a gwylltio gyda phobl ieuainc o'r fath fwyaf anystyriol a wnaethum i, hyd oni fernais yn benderfynol mai fy lle oedd gadael yr eglwys, canys gwyddai fy nghydwybod nad oeddwn addas i fod ynddi, ac nad oedd fy ymddygiadau pe gwybuasid hwy, yn haeddu i mi gael fy ngoddef ynddi. (230)

Wrth ddwyn i gof droeon yr yrfa mewn llythyr at gyfaill o weinidog, Moses Jones, yn 1839, dywed iddo 'fyned gyda'r ffrwd, neu y gwynt, yn fuan wedi dyfod i'r lle gwyllt, gwageddus, ac annuwiol hwn [Llundain], a byw am dair blynedd heb grefydd yn y byd, bron yn bagan hollawl, ac yn fwy annuwiol nag erioed' (*James Hughes*, 248). Mae'n werth dyfynnu'r tystiolaethau hyn, nid yn unig er mwyn enghreifftio eto unplygrwydd diffuant eu traethydd, ond hefyd er mwyn eu cyferbynnu â'r ymdrechion rhyfedd a wnaed i'w gwrthod er mwyn parchuso a diheintio hanes James Hughes. Mae J. E. Davies, yn y bennod 'Tir Gwrthgiliad' yn y gyfrol goffa, yn ceisio cloriannu'r dystiolaeth o blaid ac yn erbyn derbyn adroddiad tywyll James Hughes ar ei gyflwr yn ystod y blynyddoedd hyn. Gwnâi'r rhai a oedd am lunio darlun goleuach yn fawr o'i gysylltiad â'i ewythr, Richard Davies, yn Deptford; yn ôl y sôn fe'i hanogwyd gan ei ewythr i fynychu oedfaon Saesneg er mwyn gwella'i feistrolaeth ar yr iaith, a gwella'i obaith o ddod ymlaen yn y byd. Dadleuir felly iddo adael y Cymry a throi mewn cylchoedd Saesneg yn ystod y blynyddoedd hyn. Mae J. E. Davies yn awyddus iawn i gredu'r ddamcaniaeth hon, ac mae'n dadlau hefyd y dylid amodi tipyn ar gyffes James Hughes, am ei bod hi'n 'hawdd iawn i ddyn o deimladau tyner, a chydwybod effro, orliwio ei ffaeleddau a'i bechodau gynt' (*James Hughes*, 70). Hwyrach na ddylem ystyried popeth a ysgrifennai yn gwbl lythrennol, felly, yw dadl Davies. Fel John Bunyan yn ei hunangofiant ef, tebyg fod 'y brychau

27

lleiaf yn ymddangos cyn ddued a'r glô yn ei olwg'. Nid dyma'r unig enghraifft o waith cenhedlaeth ddiweddarach yn ceisio arbed James Hughes rhag ei onestrwydd ei hun. Hyd y gwelaf mae ei dystiolaeth yn ddiamwys, a gellid ychwanegu ati ei gofnod cynnil am ei anturiaethau carwriaethol yn ystod y blynyddoedd hyn, yn blino ar y ferch 'syml a chrefyddol' y bu'n ei chanlyn, ac 'yn rhedeg draw ac yma ar ol genethod beilchion digrefydd, nes o'r diwedd i mi daro wrth un ag syrthiais mewn cariad brwd â hi, a phenderfynais ei phriodi' ('Buchedd-draeth', 230). Cael ei dwyllo, meddai, a wnaeth gan honno; ond fe briododd maes o law yn 1805, flwyddyn a hanner cyn ei ddychweliad i'r eglwys yn Deptford. Mae'r hunangofiant yn gorffen cyn ei briodas, a heb gyfeirio at ei wraig na'i fywyd teuluol. Mae hwnnw yn un o'r meysydd pur ddidystiolaeth i feirniadaeth fywgraffyddol. Er iddo allu manteisio ar adnabyddiaeth o rai o ddisgynyddion James Hughes ac ar hen gof ymhlith Methodistiaid Llundain am ŵr mor nodedig yn eu plith, digon annelwig a thenau oedd ymdriniaeth J. E. Davies â'r wedd hon yn 1911. Gallodd gasglu mai Martha Griffiths oedd enw ei wraig, a'i bod yn hanu o dras Gymreig ond o bosibl yn ddi-Gymraeg, ac yn ôl yr hyn a glywsai gor-nai i James Hughes, Howell Lloyd, yn 'un anghymwys iawn . . . i fod yn wraig i weinidog yr efengyl' (*James Hughes*, 77). Ychwanegodd 'mai tebyg iddi hi oedd y plant hefyd'. Cawsant lawn tŷ o blant, 9 neu 11 yn ôl ffynonellau J. E. Davies, a bu cadw'r teulu hwn yn dreth ar adnoddau ariannol James Hughes am flynyddoedd, tybiaeth a gadarnheir yn ei lythyrau. Byddwn yn nodi ambell gyffyrddiad tyner at ei deulu yng ngohebiaethau James Hughes, ond ceir mwy o sôn am drafferthion ariannol, siomedigaethau o ran diffyg ymlyniad ei blant wrth grefydd, a phrofedigaethau enbyd. Ac mae'r crybwyll hwn, fel y gwelir yn y man, yn digwydd yn aml mewn cyswllt bugeiliol, wrth iddo gynghori rhai sy'n profi 'cyffelyb dywydd' i'r hyn a brofasai ef.

Pregeth gan John Elias yn 1806 a ddifrifolodd James Hughes o'r newydd ac a'i gosododd ar lwybr a'i gwnâi'n ddefnyddiol i gylchoedd cynyddol eang. 'Blingwyd fi yn fyw bron', meddai wrth Moses Jones, 'gan arfau llymion a geiriau heilltion y Parch. John

Elias . . . ac yr wyf y dydd heddyw, a llawer canwaith cyn heddyw,
yn bendithio Duw am y wers lem a gefais y boreu Sabboth
bythgôf hwnnw; ac o'm calon yn parchu y gŵr a ddywedodd i mi
mor onest a di-dderbyn-wyneb am y drwg o wrthgilio, a gadael
Duw, ei achos, a'i bobl' (*James Hughes*, 249). Gellid dadlau i hyn
ei wneud yn gefnogwr rhy anfeirniadol i John Elias ar hyd ei oes.
Aeth ymlaen yn yr un llythyr i fynegi ei syndod iddo gael ei
godi'n flaenor yn Deptford o fewn dwy neu dair blynedd i'w
ddychweliad, ac iddo gael ei gymell ar ôl hynny i ddechrau
pregethu pan oedd yn 31 oed, sef tua 1810. A hynny, meddai, pan
oedd 'yn berchen gwraig a thri o blant i'w cynnal, ac heb braidd
lyfr yn y byd ond y Beibl, na modd i gael yr un'. Achos bychan a
thlawd oedd yn Deptford; ni bu erioed dros 40 o aelodau yno, 'ac
nid ydym yn bresenol gwbl ddeg ar hugain', meddai James
Hughes yn ei ysgrif yn *Goleuad Cymru* yn 1828, ac roedd y rhan
fwyaf o'r rheiny 'yn boblach pur dlodion, yn gweithio'n galed am
gyflogau isel iawn' (*Goleuad Cymru*, Mai 1828, 396). Ond ni
chyfyngwyd ei ddoniau i Deptford, ac arwydd sicr o aeddfedu
cymeradwy James Hughes fel pregethwr yn Llundain yw iddo
gael ei ordeinio yng Nghymdeithasfa Llangeitho yn 1816, wedi
ennill ei blwyf ymysg ei bobl. Câi weinyddu swper yr Arglwydd a
bedyddio plant yr eglwysi ar ôl hynny. Sylwodd Meurig Owen i
James Hughes fedyddio pedwar o'i blant ei hun (Meurig Owen,
'Llyfr Bedyddiadau Eglwys Wilderness Row a Jewin Crescent
Llundain 1799-1875'). Ond deuai'r cynnydd mewn aeddfedrwydd
a dylanwad yn wyneb trafferthion bydol mwy na'r cyffredin.
Daeth rhagor o blant i'w cynnal ac aeth i ddyfroedd ariannol
dyfnion o leiaf unwaith. Yn 1817 y bu hynny, pan ofynnodd yr
eglwys yn Llundain am gyngor y Parch. Ebenezer Morris,
Twr-gwyn ynghylch y ffordd ddoethaf i ymlwybro yn wyneb
argyfwng James Hughes. Cyngor tyner a phwyllog a gafwyd: nid
oedd bai neilltuol arno am ei sefyllfa, ond ni ddylai'r eglwys
fentro ymyrryd yn ffurfiol i glirio'i ddyledion: 'Gadael rhyngddo
ef a'i ofynwyr, debygwn, yw'r ffordd oreu; ac os bydd rhyw rai yn
gallu, ac yn chwennych, ei gynorthwyo mewn modd dirgel, da
iawn fydd hynny. Anhebyg y rhoir ein Brawd mewn dalfa, wedi

iddo roi i fyny yn rhwydd yr hyn sydd ganddo, pa faint bynnag yw hynny' (*James Hughes*, 104).

Ar ei garreg fedd cyfeiriwyd at y Parch. James Hughes fel 'the man who administered to them in holy things with singular talent and efficiency for four and thirty years'. Yng ngolwg ei frodyr, felly, nid yn 1823, pan ymroddodd i'r gwaith yn llawn amser, nac adeg ei ordeinio yn 1816 y dechreuodd weinidogaethu iddynt, ond yn hytrach pan ddechreuodd bregethu yn 1810. Yn ystod y blynyddoedd hyn bu'n byw yn gyntaf yn Deptford cyn symud i Rotherhithe rywbryd yn ystod 1835-6. Golygai daith o ryw bum milltir o'i gartref yn Deptford i Wilderness Row, Clerkenwell, ac ychydig yn llai i'r cyfeiriad arall i'r gangen a oedd gan y Methodistiaid yn Woolwich. Nid ydym am geisio llunio naratif bywgraffyddol cyflawn ar gyfer y blynyddoedd hyn; nid oes defnyddiau digonol gennym, a buan y'n hudid gan yr hyn *sydd* ar gael i greu stori anghytbwys. Er enghraifft, ni allwn beidio â sôn yn yr adran hon am yr helyntion athrawiaethol ac eglwysig a ddaeth ar ei draws, yn enwedig y storm a gododd parthed rhyddfreiniad y Pabyddion. Ond ni ddylid gadael i'r rheiny fwrw eu cysgod dros y degawdau o weinidogaeth ddyfal, gymharol ddi-sôn-amdani. Rhaid bod yn ofalus wrth ddefnyddio'i lythyrau yn yr un modd, yn enwedig pan yw'n bwrw ei fol yn y cywair lleddf, cwynfanus wrth gyfeillion agos. Ond wedi seinio'r rhybuddion hynny, rhaid rhoi cynnig ar fraslunio rhai agweddau ar ei fywyd a'i waith ar lannau Tafwys.

Nid gweinidogaeth un dyn a gafwyd yn Deptford a'r fam eglwys yn Wilderness Row, enw awgrymus a gyfieithir yn 'Rhes yr Anial' gan James Hughes weithiau. Am flynyddoedd bu James Hughes yn cydlafurio â William Williams a John Lewis. Roedd hi'n arfer hefyd gan y Methodistiaid Calfinaidd i anfon pregethwyr o Gymru i weinidogaethu am rai wythnosau ar y tro yn Llundain (Rhidian Griffiths, 'The Lord's Song in a Strange Land', 165). Roedd y weinidogaeth deithiol yn batrwm gan y Methodistiaid yn y cyfnod hwn a châi James Hughes fynd ar deithiau pregethu i rannau eraill o Loegr a Chymru. Mae gennym dystiolaeth am ei gyfnod cynnar fel pregethwr yn

Llundain, ond ffynhonnell ffuglenol ydyw, sef nofel Roger Edwards, *Y Tri Brawd a'u Teuluoedd*, a gyhoeddwyd gyntaf yn *Y Drysorfa* yn ystod 1866-7. Defnyddio ffurf y ffugchwedl i glymu ynghyd atgofion ac adroddiadau am hen fywyd crefyddol y Cymry a wnaeth Edwards, gan geisio addysgu a difyrru'r genhedlaeth gyfoes trwy sôn am yr hen gewri. Ymhlith yr amryfal hanesion ceir ymweliad Morgan, un o'r tri brawd, â Llundain, a hynny yn ôl yr hanes pan oedd James Hughes yn 32 oed, sef yn 1811. Dyna flwyddyn geni Roger Edwards, a dibynnu a wna ar hen atgofion ac adroddiadau. Mae Morgan yn esiampl dda i'r Cymry sy'n cyrchu am Lundain, gan ei fod yn bwrw ei goelbren yng nghapel Wilderness Row. Dyfais y nofelydd wedyn yw peri iddo anfon llythyr at ei frawd yn disgrifio nodweddion y tri phregethwr cymharol ifanc sy'n llafurio ymysg y Cymry. Dywedir mai wrth i'r eglwys ymateb i gais gan John Lewis i ddechrau pregethu y gofynnwyd i James Hughes wneud hefyd, 'a chydag ofn a chryndod mawr y derbyniodd efe yr alwad' (T. M. Jones, *Cofiant y Parch. Roger Edwards*, 410). Disgrifir ei nod-weddion fel pregethwr a chymeriad, a diau bod Roger Edwards yn tynnu ar adnabyddiaeth bersonol o gyfnod diweddarach. (Daeth i gysylltiad â James Hughes gan ei fod yn gweithio i gyhoeddwyr yr Esboniad yn yr Wyddgrug):

Mae efe yn esbonio ei destyn yn dda, yn dosparthu ei faterion yn drefnus, yn dwyn o'n blaen dduwinyddiaeth iachusol gref, yn egluro ei bethau yn odidog, yn benaf trwy gyfeiriadau at hanesion Ysgrythyrol, ac o dan dwymniad ei galon ei hun yn poethi ein calonau ninnau wrth ei wrandaw. Dyn gwylaidd ydyw, yn gofyn am yspardyn yn fwy na genfa, ac yn dyheu am gyfeillach rhai o feddwl cydnaws âg ef. Bum yn ei hebrwng ef adref o'r capel rai troion, ac ni chefais neb yn fwy hynaws a chyfeillgar . . . Cryn anfantais i bregethwyr Cymreig yw byw yn Llundain. Mae yma bregethwyr yn dyfod o Gymru, a rhai ohonynt yn enwog iawn, i aros am ryw chwarter blwyddyn, neu ddeufis o leiaf, yn ein mysg; ac ar ryw fyr-adegau, rhwng mynediad y naill ŵr dieithr a dyfodiad y llall, y caiff ein pregethwyr ni ein hunain lefaru yn ein mysg, heblaw dywedyd tipyn yn awr ac eilwaith wrth ychydig bobl yn Deptford. Bum yn meddwl pe buasai James Hughes yn byw yna yn Nghymru, gan deithio o le i le gyda'r pregethu, y daethai efe yn fuan yn bregethwr tra phoblogaidd. (*Cofiant y Parch. Roger Edwards*, 410-11)

Roedd anian esboniwr yn amlwg yn ei ddull o drin y testun, felly, ond pregethwr cynnes ydoedd a fyddai'n cymell ymateb yn y gynulleidfa. A dyn gwylaidd nad oedd, ym marn Roger Edwards, wedi ei lawn werthfawrogi. Erbyn 1819 yn sicr, derbyniai'r tri phregethwr gydnabyddiaeth ariannol, naw punt yr un bryd hynny (*Y Ddinas Gadarn*, 47-8). Erbyn dechrau'r 1820au aethai capel Wilderness Row yn rhy fach i'r achos, a phrynwyd darn o dir yn Jewin Crescent, 'stryd barchus iawn', chwedl Gomer M. Roberts (*Y Ddinas Gadarn*, 54), a'r capel, meddai J. E. Davies, yn un 'mawr a phrydferth, yn enwedig felly o'i gymharu â chapelau y Methodistiaid yn yr oes honno' (*James Hughes*, 107). Dyna pryd y rhoddodd James Hughes y gorau i waith gof, 'ymddygnu ar ladd fy hun yn gwneyd angorion yn mhlith plant Alis', ys dywedodd mewn llythyr diweddarach (*James Hughes*, 248). Er bod hyn yn ei ryddhau i ymroi'n llwyr i'w weinidogaeth, ni chafodd gyflog ddigonol i beri nad oedd rhaid iddo boeni am ofalon bydol. I'r gwrthwyneb, meddai wrth ei gyfaill, yr argraffydd, John Jones, Castle St., Lerpwl, ymhen dwy flynedd, yn 1825: 'digon profedigaethus ydyw fy amgylchiadau, fel hyn gyda theulu mawr, weithian er ys mwy na dwy flynedd . . . ac nid yw y cyfeillion yma yn cael ar eu meddyliau i wneuthur . . . yr hyn a ddylent o gyfiawnder ei wneuthur i mi, fel eu llefarwr, ac yn wir, fel eu gweinidog dewisedig ac urddedig: ac un hefyd a dreuliodd ac a ymdreuliodd lawer o flynyddoedd, am ddim, i'w gwasanaethu' (John Thickens, 'Llythyrau James Hughes', 53). A chadarnheir nad hunandosturi di-sail mo hyn gan sylwadau Thomas Edwards (Caerfallwch) amdano mewn llythyr at William Owen Pughe: 'He, poor fellow, is jogging on as usual – bearing his burden with good patience – How uneven the things of time are divided; often we see many an honest worthy industrious soul with his knees and elbows bursting through his clothes like ripe filberts from the husk – when many an ill bred, ill looking booby headed scoundral is swimming in riches . . .' (dyfynnir yn Peter Lord, *Hugh Hughes Arlunydd Gwlad*, 157).

Roedd ei ddefaid yn gymysgedd o rai a fu yn Gymry Llundain ers cenhedlaeth neu fwy a newydd-ddyfodiaid. Rhai'n sefydlog, rhai'n pasio trwodd. Dyna Lewis Edwards, er enghraifft, prifathro Coleg y Bala wedi hynny, a fu'n astudio yn Llundain yn ystod 1830-1, a Thomas Gee, a dreuliodd rai misoedd yno yn 1837, gan draddodi ei bregeth gyntaf o flaen James Hughes yng nghapel Jewin (Thomas Charles Edwards, *Bywyd a Llythyrau y Parch. Lewis Edwards*, 40-61; T. Gwynn Jones, *Cofiant Thomas Gee*, 39-63). Ceir cofnod dadlennol o fywyd eglwys Jewin Crescent, y safle y symudodd yr achos iddo o Wilderness Row yn 1823, yn atgofion bywiog y Parch. Robert Hughes, Uwchlaw'r ffynnon. Ym Medi 1830 yr aeth ef i Lundain, a llwyddo i gael lle mewn gwaith sebon lle roedd un o'r gweithwyr yn pryfocio'r Cymry trwy weiddi 'Nannygoat' a 'Ba' arnynt. Dyma oedd ei argraffiadau cyntaf ffraeth o gynulleidfa Jewin Crescent:

> Dechreuais fyned i Jewin Crescent i'r moddion ar unwaith, a mawr fy syndod weled cynulleidfa o foneddigion. Yr oedd yn arferiad gan bawb y pryd hwnw i wisgo cadachau gwynion; ond, yr oedd un yn tynu fy sylw yn fwy na phawb eraill, gŵr boneddigaidd yr olwg, tua 45, yn eistedd tu ol i'r *clock*, ar ffrynt y *gallery*. Tybiwn ei fod yn un o'r *East India Company*; ond fe'm siomwyd yn fawr wrth fyned i'r Cambrian, i'r ysgol, brydnhawn Sul; pwy a welwn yn nghanol y ddinas, a ffedog lâs ar ei liniau, a'r piser llefrith yn ei law, yn rhoi cnoc ar y drws, ac yn gwaeddi *milk*, ond y gwr bonheddig mawr, yn ol fy nychymyg am dano o'r blaen. (William Hughes (gol.), *Hunan-gofiant . . . y diweddar Barch Robert Hughes*, 23)

Â yn ei flaen i gofio un cyfarfod a wnaeth argraff ysbrydol arno, ac mae'r cefndir a rydd i'r digwyddiad yn codi cwr y llen ar fywyd ieuenctid Jewin Crescent yn 1831:

> . . . ryw nos Sul, yn y festri tu ol i'r capel, lle yr arferid cadw math o gyfarfod i'r bobl ieuainc, ac eraill a ewyllysient aros ar ol, – a byddai nifer dda yn aros, er mwyn gweled eu gilydd yn benaf, – ac wedi dod allan, myned am dro hyd yr heolydd, ac yn fynych i dŷ tafarn Mrs. Jones, Aldergate Street, i gael gwydriad, yn feibion a merched yn gymysg; un nos Sabbath, yn Rhagfyr, 1831, yn y cyfarfod, adroddai

hen ŵr o'r Deheudir ei brofiad . . . Aeth ei brofiad ef fel trydan trwy fy enaid . . . Effeithiodd fwy ar fy meddwl na'r holl bregethau a wrandawswn gan y gweinidogion enwog a ddeuant i wasanaethu i'r ddinas, megis Ebenezer Richards, Henry Rees, J. Hughes, Llangollen, yr Hybarch James Hughes, a William Evans, Tonyrefail, oedd yno ar y pryd yn pregethu yn effeithiol ac yn efengylaidd. (24)

Mae cyfosod cymhellion amlwg gymdeithasol a buchedd rydd y bobl ifainc a dwyster profiad yr hen ŵr a wnaeth argraff ar Robert Hughes yn awgrymu'r amrywiol alwadau bugeiliol y byddai James Hughes yn gorfod mynd i'r afael â nhw. Roedd deniadau amlwg Llundain i blant yr henwlad yn ofid ac yn faich cyson iddo, a'i flynyddoedd cynnar ei hunan yn y ddinas yn gefnlen i'w ofalon. 'Dyma'r man lle y mae pob llithiad a hudiadau yn cydgyfarfod,' meddai Robert Owen (Eryron Gwyllt Walia) mewn llythyr at ei deulu o 'Lundain Fawr' yn fuan ar ôl cyrraedd yno yn 1824, 'y cnawd . . . fel wedi ei arwisgo mewn aur a gemau, a'i arwynebol wychder a'i brydferthwch yn ddigon bron i siglo seiliau moesoldeb, a'i daflu yn bendramwnwgl i ddiddymder' (G. Parry, *Cofiant a Gweithiau Eryron*, 353). Ac ni wnâi amgylchfyd ffisegol y ddinas ddim i wella'i delwedd. 'Anoddefus gan ddûfwg – yw Llundain', meddai Eryron yn ei englyn 'Llundain yn y gauaf', 'Dinas fawr dan nos o fŵg' (*Cofiant a Gweithiau Eryron*, 161). 'Y ddinas ddihenydd, bedlam fawr yr holl ddaear, cysgod o uffern ei hun' oedd dyfarniad Robert Jones, Rhos-lan yn 1779 (dyfynnir yn Emrys Jones (gol.), *The Welsh in London 1500-2000*, 81), ac er byw a gweithio a magu teuluoedd yno am flynyddoedd maith, mae'n debyg na chollodd dynion fel Iago Trichrug ac Eryron Gwyllt Walia eu hymdeimlad o ymddieithriad alltud. Ddeugain mlynedd ar ôl cyrraedd y lle, cyfeiriai Iago yn ei lythyr at Moses Jones at Lundain fel 'y lle trystfawr, blinfawr, ffwdanfawr, a drudfawr hwn', ac wedyn fel 'y fan anghysbell, estronaidd, a chribddeiliog hon', eto fel y 'lle gwyllt, gwageddus ac annuwiol hwn', ac eto fyth 'y lle alltud a dëoledig hwn' (*James Hughes*, 244-52). Roedd elfen ddisgwyliedig, siŵr o fod, yn y lladd a wnaed ar y brifddinas, ond ni ellir amau cywirdeb consýrn bugeiliol gweinidog eglwys Jewin

Crescent. Gellir amgyffred hwnnw trwy grybwyll dwy o'r
ysgrifau coffa a luniodd am ei aelodau, a bydd y rhain yn ehangu
ein darlun o natur y gymdeithas eglwysig y bu'n llafurio o'i
mewn. Mentrwn ddechrau gyda llyfryn nad oes sicrwydd
ynghylch ei awduraeth. Ond mae catalog Llyfrgell Genedlaethol
Cymru yn ei briodoli i James Hughes, a phrin bod lle i amau
hynny; yn wir rhoes ei enw wrth y penillion sy'n agor *Cofiant Byr
o Fuchedd a Marwolaeth Thomas Davies, o'r Tir Newydd, Plwyf
Cegidfa, Swydd Drefaldwyn.* Bu farw Thomas Davies yn 23 oed
yn 1827. Daethai i weithio i Lundain yn Ebrill 1824 a bu'n addoli
yn Jewin Crescent am dros ddwy flynedd tan i'w salwch ei orfodi
i fynd adref i Faldwyn. Mae ei gofiannydd wedi cael gafael ar
ddeunydd am ei ddyddiau cynnar, ond yn siarad o brofiad am ei
gyfnod yn yr eglwys yn Llundain:

> Gwyn fyd na byddai yr holl ieuenctid, sydd yn dyfod attom o Gymru,
> yn ymdebygu iddo ef, mewn ymglymiad agos a buan â'r Eglwys, ac
> mewn ymarweddiad dichlynaidd a gwasanaethgar yn yr Eglwys:
> byddai hyny yn gysur mawr i ni, ac yn fendith fawr iddynt hwythau.
> Trwy drugaredd yr Arglwydd, y mae gennym *rai* o gyffelyb ysbryd
> ac ymarweddiad. (*Cofiant Byr*, 10)

Rhai yn unig yw'r awgrym, lleiafrif o blith y Cymry alltud.
Cynhwysai'r *Cofiant Byr* bedwar llythyr a anfonasai Thomas
Davies at ei gyfaill ifanc John Bebb yn y Trallwng. Yn Saesneg yr
ysgrifennai, a gellir casglu mai cyfieithiadau Iago a gafwyd
mewn cyfrol a gyhoeddwyd yn ôl yr wynebddalen 'er lles i bobl
ieuainc Cymru'. Roedd Bebb yntau wedi mudo i Lundain, ac ni
bu fyw'n llawer hwy na'i gyfaill. Bu farw'n 21 oed yn Hydref
1827. Cyhoeddwyd cyfrol goffa iddo yn 1829, a gwnaeth yr awdur,
William Owen, ddefnydd helaeth o 'gof-lyfr cyfrinachol' John
Bebb, gwaith a luniwyd yn wreiddiol yn Saesneg. Ceir yn
nyddiadur Bebb enghreifftiau ohono'n nodi ei ymateb ysbrydol i
bregethu James Hughes. Ar ôl un bregeth mae'n 'cwyno ei fod yn
cael ei hun, mewn llawer o bethau, yn rhŷ debyg i ryw rai a
ddynodid ynddi', ac eto, 'y mae yma ychydig gynnesrwydd,
ychydig o lawenydd, ychydig o ffrwyth a serch at y pethau sydd

uchod' (William Owen, *Cofiant Byr am Mr John Bebb*, 19). Dro arall mae'n ymateb i 'bregeth ragorol' gan James Hughes ar gymal olaf 1 Corinthiaid 13:2, 'ac heb gennyf gariad, nid wyf fi ddim'. Mae'n ei holi ei hun: 'a fyddaf fi yn ymddifad o'r fath drysor gwerthfawr a hwn? yn sicr nid rhaid i mi fod; a bendigedig a fyddo Duw, nid rhaid i neb fod hebddo. Canys cariad Duw wedi ei dywallt ar led yn y galon ydyw. O rodd werthfawr! Arglwydd, dyro hi yma – dyro hi i bawb' (*Cofiant Byr am Mr John Bebb*, 28). Mae'n briodol cynnwys tystiolaethau o'r fath er mwyn ein hatgoffa ein hunain fod yna gymdeithas ysbrydol fywiol yn Jewin Crescent, ac er cywiro'r hanesyddiaeth honno a fyddai'n gweld eglwys yn unig fel 'cymdeithas gyfeillgar' a hwylusai'r ffordd i ddyrchafiad cymdeithasol ei haelodau.

Er gwaethaf ei gysylltiadau llenyddol cefnogol o fewn i'r eglwys a'r tu allan (cawn gwrdd â William Owen Pughe yn yr adran nesaf), mae'n amlwg mai Seisnigo a wnâi'r genhedlaeth iau fwyfwy ymhlith Cymry Llundain. Ni wyddom faint o Gymraeg oedd gan ei blant ei hun, na chan ei wraig o ran hynny. Saesneg a siaradai Elizabeth Davies, y wraig ifanc y cyhoeddodd ysgrif goffa iddi ar dudalennau'r *Drysorfa* yn 1842, ond dywedir ei bod yn deall Cymraeg yn 'bur drwyadl' (*Y Drysorfa*, Chwefror 1842, 42-3). Yn Llundain y'i ganwyd hi, yn ferch i rieni o Geredigion a oedd yn wrandawyr gyda'r Methodistiaid, neu'r Trefnyddion Calfinaidd fel y cyfeiria James Hughes at ei enwad ei hun. Daethant yn deulu cefnog 'trwy ddiwydrwydd, a bendith ar y diwydrwydd hwnnw'; aeth eu mab i Brifysgol Caergrawnt ac oddi yno yn offeiriad yn yr Eglwys Sefydledig. Yn raddol 'daeth amser Duw i ymweled yn ei ras' â'r teulu, a daethant yn aelodau yn Jewin Crescent, a'r tad maes o law yn henuriad. Wedi rhoi'r cefndir teuluol mae'r ysgrif yn dilyn patrwm nodweddiadol o'r ysgrifau coffa, sef disgrifiad o gystudd yr ymadawedig ac yn arbennig y rhuddin ysbrydol a arddangosai, a'r cysuron a dderbyniai yn ei chystuddiau olaf: 'Goleuai yn hyfryd iawn ar ei meddwl hi yn yr wythnosau diweddaf y bu fyw; ei holl hyfrydwch oedd siarad am Iesu Grist, ac am fyned ato ef.'

Roedd natur y drefniadaeth eglwysig yn cynnig anfanteision a manteision i'r pregethwr. Ar y naill law teimlai'n aml nad oedd digon iddo'i wneud. Fel y nodwyd eisoes, roedd dyfodiad pregethwyr ar ymweliad am fis neu ddau ar y tro o Gymru yn cyfyngu ar y cyfleoedd a gâi James Hughes a'i gyd-bregethwyr i draethu. Yn 1836 cwynai mewn llythyr wrth ei gyfaill John Roberts, 'Minimus', Lerpwl: 'Nid oes yma mo'r hanner digon o waith i mi, na braidd ddim gwaith, ond ambell i Sabbath y byddom heb yr un gwr dieithr . . . gallwn fyned i Africa, neu i ryw le arall, y tri o honom, o ran yr angen am danom, a'n defnyddioldeb yn y lle hwn' (LLGC, AMC, Coleg y Bala 1: 630). Mae'n cydnabod mai 'yn yr amseroedd dibregeth hyn y byddaf yn cael llonydd at fy ngorchwyl gyda'r Bibl, pe byddai hwnw heb fod, efallai y byddwn yn fwy anesmwyth'. Sôn am y gwaith esboniadol a wnâi yn 1836, ond gellid cymhwyso ei sylw at ei lafur barddol, yn gerddi ac emynau, ac at ei ohebiaethau. Dyma'r pethau a fydd dan sylw yng ngweddill y gyfrol hon, ac fe ryddhawyd James Hughes i'w cyflawni gan y drefn weinidogaethol y mae'n tueddu i gwyno o'i herwydd.

O dan y drefn hefyd fe gâi deithio i bregethu, a thrwy'r teithio ffurfio sawl cyfeillgarwch a dod i wybod am sefyllfa'r achos mewn sawl rhan o Loegr a Chymru. Dibynnwn ar dystiolaeth y llythyrau wrth roi enghreifftiau. Pan ysgrifennodd at William Owen Pughe ar 6 Awst 1823, roedd gartref yn Deptford ers pythefnos ar ôl taith 16 wythnos 'trwy chwech o swyddi y Deheubarth, a Threfaldwyn, ynghyd ag amrai o Drevydd Lloegr' (LLGC Llsgr 13263C). Y flwyddyn ganlynol, meddai mewn llythyr at yr un gŵr dridiau cyn y Nadolig 1824, bu'n 'ymdreiglaw' trwy ogledd Cymru a Chaer, Lerpwl a Manceinion. Deuai â llythyrau a negeseuon adref o'i deithiau; dau lythyr at Pughe oddi wrth ei 'hen gyfaill o Blas y Brain', sef yr amryddawn John William Prichard (*Bywg.*, 748-9), ynghyd â chais gan fardd o Lerpwl, Thomas Jones, am ddychwelyd y copi o'i awdl a anfonwyd i gystadleuaeth. (Ceir awgrym yn llythyr 1823 iddo gludo copïau o gyfrol newydd Pedr Fardd, *Mêl Awen*, gydag ef o Lerpwl.) Porthid y rhwydweithiau llenyddol, felly, yn ogystal â'r rhai ysbrydol, gan deithiau pregethwyr llengar. Mae'n bosib mai at yr un daith y cyfeiriai yn ei lythyr at John Jones, Castle St., Lerpwl, yn Chwefror 1825. Yn hwnnw mae'n ymddiheuro nad oedd gwell siâp arno y tro diwethaf iddo fod acw, ac un rheswm am hynny oedd iddo flino yng ngogledd Cymru cyn dod i Lerpwl, 'wedi maeddu a llabyddio fy hun yn y dryc-hinoedd ar hyd mynyddoedd y gogledd' ('Llythyrau James Hughes', 53; LLGC Llsgr 6636D). Mae'n amlwg y buasai trefn fel hon yn peri bod y sefyllfa deuluol dan dipyn o straen, heb y gŵr a'r tad ar yr aelwyd am wythnosau neu fisoedd. 'Anhawdd iawn genyf adael teulu mor lliosog am gyhyd o amser a chyn belled ffordd', meddai wrth John Jones ddechrau 1826, wrth gadarnhau ei fod am ddod i Lerpwl am chwe wythnos ('Llythyrau James Hughes', 64; LLGC Llsgr 6636D). Ceir adroddiad llawnach ar daith a wnaeth i Fryste ('Caerodor') a Sir Fynwy yn 1829 mewn llythyr at yr un gŵr ('Llythyrau James Hughes', 113-17; LLGC Llsgr 6636D). Gwlad newydd oedd Bryste i'r pregethwr, ond cafodd flas ar y deufis y bu yno, 'mwy cysurus o lawer nag a feddyliais cyn myned yno, a llawn mor gysurus ag y bum I yn un man oddi cartref'. Er mai bach oedd yr achos yno o'i gymharu ag achosion Cymraeg Lerpwl a Llundain, yr oedd ar gynnydd. Bu'r arhosiad yn amlwg yn gyfnod o adnewyddiad bendithiol iddo, ac adnoddau pwrpasol ar gael yn gefn i hynny:

> Yr wyf yn meddwl i mi gael mwy cymmorth i weddio yn ddirgel, i efrydu pregethau newyddion, ac i'w traddodi gyda grym a graddau o lewyrch, yno nag a gefais mewn un man arall yn fy oes fer weinidogaethol. Mae yno ystafell fechan ddistaw, ac ychydig o lyfrau pur fuddiol, a phobpeth yn dra chyfleus i'r neb a ymroddo i <u>astudio</u>.

Cwyd hyn ystyriaeth ddiddorol, sef i ba raddau yr elwai'r pregethwr ar amgylchiadau tebyg er mwyn astudio a pharatoi pregethau, a hynny dan amodau mwy ffafriol nag a gâi yn ei gartref. Roedd y llythyr yn gyfle i drosglwyddo gwybodaeth i'w gyfeillion yn Lerpwl, ac ychwanegir ambell gyffyrddiad personol trawiadol at y traethu bywiog:

> Cefais un Association yn mis Mawrth mewn lle a elwir Pont-y-pŵl yn swydd Fynwy. Aethum gyda'r cŵch agerdd am 30 milltir i'r

Casnewydd (Newport), pregethais yno nos Fawrth. Trannoeth aethum gydag un o bregethwyr y dref hono mewn *Gig* i Bont-y-pŵl 12 milltir i fynu i'r wlad; ac am fy mod yn ddieithr, ac yn lled gymeradwy yn y wlad hono er fy nheithiau o'r blaen yno, cefais lefaru ddwywaith, nos Fercher mewn capel, a 2 o'r gloch dydd Iau ar y maes, peth yn Saesneg a pheth yn Gymraeg. Oedfa dda nos Fercher, nid oedd y llall mor hwylus i'm tyb I; bydd cymysgu y ddwy iaith yn difetha fy mhregeth I bob amser, a pha ryfedd gan fy mod yn unarhugain oed cyn gwybod gair o iaith plant Alis a chwedi dysgu hyny mewn gefail gofaint, lle tebycach i uffern ar y ddaear nac i ddim arall. Bernid fod tua 5000 o bobl yn yr Association hono, mwy nag a welwyd ym Mhont-y-pŵl (Pont ab Howel medd rhai) ar y cyfryw achlysur erioed o'r blaen. Lle ydyw, cymmysg o Gymry a Saeson, ac ar derfynau y ddwy wlad, a digon isel yw crefydd yn yr ardaloedd hyny. Daethum yn fy ol i Newport nos Iau, a llefarais oedfa dda iawn yno, ond heb ddim degwm! Bore dranoeth euthum hyd y môr yn fy ol i Gaerodor, ac wedi llefaru yno y noson hono a'r Sabbath canlynol, heliais fy ngharpiau at eu gilydd dydd Llun, ac am haner awr wedi un aethum i'r cerbyd, a chefais fy hun yn Llundain am wyth o'r gloch bore Mawrth er fy mawr orfoledd. Wedi cyrhaedd adref yn y prydnawn, cefais y wraig a'r plant yn berphaith iach, ac wedi bod felly yn fy absenoldeb. ('Llythyrau James Hughes', 115)

Dengys ambell ysgrif goffa arall ei fod wedi cael cyfle i ffurfio cyfeillgarwch agos ymhell iawn o Lundain, a thrwy'r teithiau pregethu y bu hyn. Dyna George Williams, Tyddewi, gwrthrych ysgrif sylweddol yn *Y Drysorfa* yn 1839 ('Buchedd a Marwolaeth y diweddar Mr George Williams'). Yn ôl tystiolaeth ysgrif goffa arall, yn 1823 yr aeth James Hughes gyntaf ar daith trwy Ddyfed, fel y dywedai ef, sef Sir Benfro ('Cofiant am y Diweddar John Morgan, Ysw. Meddyg', *Y Drysorfa*, Hydref 1839, 289-91).

Fel yr awgrymwyd eisoes, roedd gwedd arall i fywyd James Hughes yn ystod y blynyddoedd hyn, sef ei ran mewn helyntion athrawiaethol ac eglwysig. Cynhwyswyd adran 'Dadleuon' yn y gyfrol goffa, gan gyfeirio'n benodol at ddadl 'Prynu'r Bendithion' a helynt rhyddfreiniad y Pabyddion. O ran y ddadl ddiwinyddol gellir derbyn dyfarniad Owen Thomas nad 'oedd, yma, mewn gwirionedd, ond gwahaniaeth yn unig mewn dull o eirio' (*Cofiant y Parchedig John Jones, Talsarn*, 573). Roedd James Hughes wedi beirniadu dilysrwydd yr ymadrodd 'Prynu'r Bendithion' mewn pennill a gyfansoddwyd ryw bymtheng mlynedd cyn ei gyhoeddi yn *Goleuad Cymru* yn 1824, ac yna wedi ateb gofyniad am ysgrythuroldeb y pennill mewn llythyr sylweddol yn yr un cylchgrawn ('Prynu'r Bendithion', *Goleuad Cymru*, Gorffennaf 1824, 448-51). Craidd ei ddadl yn erbyn defnyddio'r ymadrodd yw 'mai yr eglwys a brynwyd, ac nid y bendithion i'r eglwys'. Mae cywair yr ysgrif yn ymosodol o'i chychwyn, gan fynnu bod yr ymadrodd yn un 'ffôl a gwrthun' am ei fod yn awgrymu bod modd prynu cyfiawnder a chariad a'r Ysbryd Glân a'r nefoedd. Pendantrwydd chwyrn ei ysgrif yn *Goleuad Cymru* a dynnodd nyth cacwn yn ei ben. Fe'i ceryddwyd ar ffurf llythyr gan Gymdeithasfa Llantrisant yn 1824. Barnai Owen Thomas mai James Hughes oedd yn fanwl gywir o ran geiriad, ond bod yr ymadrodd 'prynu'r bendithion' wedi'i arfer gan bregethwyr Methodistaidd ers amser, ac yn gymeradwy ac yn annwyl ganddynt (*Cofiant y Parchedig John Jones, Talsarn*, 573-4). Mewn man arall dywed Owen Thomas mai ceidwadol oedd tuedd naturiol James Hughes; roedd 'yn lled gaeth yn ei olygiadau ar yr athrawiaeth, ac yn ofni yn fawr bob ymadawiad â'r hen ffurf ac â'r hen eiriau, yr oedd wedi cynnefino â hwynt, i'w gosod hi allan' (*Cofiant y Parchedig John Jones, Talsarn*, 248). Mewn cyswllt ceryddol y dywed Owen Thomas hynny, gan nodi angharedigrwydd James Hughes yn ysgrifennu llythyrau at John Elias ac eraill yn beirniadu dull John Jones, Tal-sarn, o bregethu yn ystod ei ymweliad â Llundain yn 1838. Gwnaeth hyn er i John Jones geisio diwygio sefyllfa yn Jewin a olygai fod cyd-weinidog James Hughes, William Williams, yn mynnu lle rhy amlwg o lawer yn y seiat i siarad yn hir ac yn ddi-fudd, a hynny ar draul James Hughes, 'yr hwn oedd yn llawer mwy galluog a chymmeradwy nag ef'.

Daeth y duedd ynddo at lefaru dianghenraid o chwyrn a welwyd ar bwnc 'Prynu'r Bendithion', tuedd a oedd yn cyd-fyw â thuedd at bruddglwyfni a llyfrdra, i'r amlwg yn helynt cyhoeddus chwerwaf ei flynyddoedd yn Jewin Crescent, sef y ddadl ynghylch rhyddfreiniad y Pabyddion yn 1828. Adroddwyd yr hanes gan John Thickens ('James Hughes a Rhyddfreiniad y Pabyddion') a Gomer Roberts (*Y Ddinas Gadarn*, 58-68). Ond Peter Lord, yn ei gofiant i un o arweinwyr yr ymgyrchwyr o blaid rhyddfreiniad, a ddarparodd y cyd-destun llawnaf a'r ymdriniaeth drylwyraf (*Hugh Hughes Arlunydd Gwlad*, 145-72). Mae ei bennod, 'Jewin Crescent', yn lliwio darlun craff o natur cynulleidfa Jewin ar y pryd: 'Criw gweithgar, felly, yn y byd masnachol a chelfyddydol, yn ogystal â phobl grefyddol, oedd cefnogwyr achos Jewin Crescent y symudai Sarah a Hugh Hughes yn eu plith yn 1827 ac 1828' (159). Mae Peter Lord hefyd yn olrhain y rhaniad o fewn efengyleiddiaeth Brydeinig a Methodistiaeth Gymreig ar faterion diwygiadol fel rhyddfreiniad Pabyddion. Asgwrn y gynnen oedd hawl Catholigion i ddal swyddi cyhoeddus o bwys ym Mhrydain ac Iwerddon, yn enwedig yr hawl i fod yn aelodau seneddol. Daeth pethau i'r pen gyda buddugoliaeth ysgubol Daniel O'Connell, un o arweinwyr yr ymgyrch dros ryddfreiniad, mewn etholiad seneddol yn etholaeth Clare yn 1828. O fewn y gymuned Fethodistaidd roedd carfan a edrychai at John Elias o Fôn fel eu harweinydd yn wrthwynebus i unrhyw fesur i ymestyn hawliau dinasyddol Catholigion, gan gredu y byddai'n chwalu cyfansoddiad Protestannaidd y wlad ac yn arwain at bob math o beryglon. Mabwysiadwyd y safbwynt hwn yn bolisi gan y Methodistiaid Calfinaidd mewn sasiwn yn 1827, gan annog yr eglwysi i wrthwynebu mesur a oedd ar fin dod gerbron y Senedd. Ond nid oedd y penderfyniad hwn yn adlewyrchu barn unfrydol aelodau'r eglwysi o bell ffordd, ac aeth yr arlunydd Hugh Hughes, aelod yn Jewin Crescent, ati i herio awdurdod y corff yn enw rhyddid barn. Ar ôl peth oedi daeth mesur o blaid rhyddfreiniad ger bron y Senedd yn 1828, a threfnodd Hugh Hughes ddeiseb i'w gefnogi. Bu'n fwriad ganddo ers misoedd, a dyfynna Peter Lord rybudd ffraeth-ddifrifol ei dad-yng-nghyfraith, David Charles, Caerfyrddin iddo am ganlyniadau tebygol gwrthdrawiad gyda cherbyd John Elias. Roedd y ddeiseb a gyflwynwyd i'r Senedd yn cynnwys enwau pedwar o aelodau Jewin, sef Hugh Hughes, Thomas Edwards a dau arall. Rhoddwyd sylw i'r ddeiseb yn *The Times* a dyna achosi tanchwa. Cafwyd ymateb ffyrnig gan flaenoriaid a gweinidog Jewin Crescent, a ffyrnigo fwyfwy a wnaeth yr ymryson rhwng y pleidiau. Doedd camddealltwriaethau a chamgyhuddiadau o ddim help i ddiogelu unrhyw fath o ysbryd brawdol. Roedd rhywfaint o amwysedd ynghylch union safle James Hughes, gan i Thomas Edwards fynnu iddo ddangos y ddeiseb iddo rai dyddiau cyn ei chyflwyno. Yr ateb cloff braidd a roddai James Hughes oedd na wyddai beth yn union a ddangosid iddo. Ni pherthynai unrhyw amwysedd i'r bregeth a draddododd ar y nos Sul ar ôl i'r helynt dorri. Gan bregethu oddi ar Eseia 59:19, 'Pan ddêl y gelyn i mewn fel afon', condemniodd y pedwar a'u galw'n 'ddynion annuwiol, dynion wedi caledu i'r eithaf, dynion ym meddiant Satan'. Gwerth nodi iddo gyhoeddi cyfieithiad o gerdd ar y testun 'Rhyddfreiniad y Pabyddion, Llef Rybuddiol i Bobl Lloegr' yn 1825 (*Y Gwyliedydd*, Awst 1825, 253). Mae Peter Lord yn cynnig dadleuon argyhoeddiadol dros resymoldeb iaith y ddeiseb a gyflwynwyd, ac yn pwysleisio bod y deisebwyr yn mynnu rhyddid cydwybod mewn materion gwleidyddol. Ond y cyfarwyddyd a ddaeth o Gymru (trwy John Elias) oedd i ddiarddel y pedwar. Aeth hi'n ymgecru wedyn ar dudalennau *Seren Gomer* a chyhoeddodd Hugh Hughes lyfryn ymosodol, *Y Trefnyddion a'r Pabyddion*, yn 1829.

Awgrymwyd yn gynharach yn yr astudiaeth hon nad oedd James Hughes yn greadur gwleidyddol. Ni chynigiodd gyddestun gwleidyddol i galedi'r 1790au yng Ngheredigion, ac ar ôl symud i Deptford nid ymddengys iddo brofi unrhyw chwithdod ynghylch gweithio mewn diwydiant oedd â chysylltiad mor agos â rhyfel. Gellid dehongli hynny fel ceidwadaeth oddefol ar ei ran, wrth reswm, a byddai'n rhesymol ei leoli o fewn y garfan Fethodistaidd honno a ddrwgdybiai gynyrfiadau radicalaidd am resymau ysgrythurol ac ymarferol, gan ofni'r drwg a wneid i'r corff hwnnw o'i gysylltu ag anniddigrwydd gwladol. Awgrymwyd hefyd fod ei ymdeimlad o ddyled ysbrydol bersonol i John Elias yn elfen berthnasol. Ond mewn sefyllfaoedd eglwysig gall fod tensiynau a gwrthdrawiadau personol, cuddiedig i'r hanesydd, yn elfennau yr un mor allweddol â materion mawr egwyddorol. Wyddom ni ddim sut olwg oedd gan James Hughes ar Hugh Hughes fel aelod o'r eglwys cyn 1828, er enghraifft, ond byddai'n deg dweud bod heddwch a brawdgarwch o fewn yr eglwys yn flaenoriaeth ganddo, a'i fod yn wrthwynebydd i'r sawl a fygythiai'r cyflyrau dedwydd hynny. Hwyrach mai cadarnhau barn rhai fel James Hughes amdano a wnaeth Hugh Hughes trwy ddal ati am dymor hir i feirniadu ei eglwys a'i enwad. Doedd dim awgrym o liniaru'r feirniadaeth arno mewn llythyr at John Roberts, Lerpwl, yn 1837; cyfeirir ato fel 'Mr Hugh Hughes, who has made such a stir here some years ago . . . and who I was called to oppose, and to expose, on that occasion' (LLGC, AMC, Coleg y Bala 1: 633).

Ar lannau Tafwys, ymhell o Drichrug, y llafuriai'r Parch. James Hughes, yr Iago Trichrug, y 'J.H.' neu weithiau'r 'I.H.' a welid yn y cylchgronau Cymraeg. Am chwarter canrif fwy neu lai bu iddo yrfa lenyddol gyhoeddus y medrwn ei holrhain, ac ychydig yn hwy na hynny fel pregethwr ymhlith y Methodistiaid. Bydd angen dweud mwy am ei fisoedd olaf a'i farwolaeth, ond awn ati yn awr i ystyried ei weithgarwch llenyddol.

III

Y BARDD A'R EMYNYDD: IAGO TRICHRUG

Roedd James Hughes yn priodoli cynyrfiadau cyntaf ei ddiddordebau barddol i ddylanwad dwy gyfrol, a dwy gyfrol yn unig. Nid oes sôn am ddylanwad beirdd ac ysgolheigion Ceredigion, nac am ymchwydd llenyddol y diwygiad Methodistaidd. Roedd llyfrau'n bethau amheuthun yn ystod ei blentyndod, fe ymddengys, a'r ddwy gyfrol y cafodd eu benthyg yn lleol a'i swynodd, ac a adawodd eu stamp arhosol ar ei chwaeth farddonol. Canu carolaidd cynganeddol y ddeunawfed ganrif, y 'canu caeth newydd', chwedl Tom Parry (*Baledi'r Ddeunawfed Ganrif*, 139-66), y canu a oedd yn 'clymu mor glên', chwedl Mr Pugh yn *Y Dreflan* (*Y Dreflan*, 57), canu a oedd yn boblogaidd hefyd yng Ngheredigion, fel y sylwodd G. J. Williams (*Y Llenor*, 1935, 247), oedd cynnwys y ddwy. Casgliad Jonathan Hughes o Langollen, *Bardd a Byrddau*, oedd y naill, a chyfrol y mae James Hughes yn cyfeirio ati fel 'Y Saith Ugain Carol' oedd y llall. Hyd y gwyddys, ni chyhoeddwyd llyfr o'r enw hwnnw, ond gellir dyfalu mai at bedwerydd argraffiad *Carolau a Dyrïau Duwiol* (1745) y cyfeirir. Gan gymeriadau a ystyrid yn rhai digon brith yn y fro y cafodd fenthyg y cyfrolau, hynny'n adlewyrchu tuedd gymdeithasol gyfoes i feddwl am farddoniaeth o'r fath fel elfen amheus ac amharchus. (Trafodir y mater hwn yng nghyd-destun bardd arall yn J. E. Caerwyn Williams, *Edward Jones, Maes-y-plwm*, 28-30.)

Gan 'yr hen walch hwnw', Edward Pugh, crydd a chymydog
iddo o'r Berllan Deg, y cafodd gyfrol Jonathan Hughes, a chan
Morgan Gruffydd Richard, 'hen ddyn arall, drygionus ddigon', y
cafodd ei gopi o'r llyfr carolau. Fe'i hudwyd yn llwyr gan y ddwy,
gan ddysgu llawer iawn o *Bardd a Byrddau* ar ei gof, a chan
ddarllen y gyfrol arall 'gyda llawer mwy o hyfrydwch nag y
darllenwn fy Meibl'. Trawiadol hefyd yw'r sôn amdano, yn y
cyfnod hwn pan nad oedd yn fwy nag 11 neu 12 oed, yn 'teithio
yr holl ardaloedd, ar hyd dydd ac ar hyd nos, dros fynyddoedd,
mawnogydd a chwmydd, i fenthyca rhyw hen gopiau o lyfrau
barddoniaeth ac hanesiaeth Gymreig, pa le bynag y clywn eu bod'
('Buchedd-draeth', 125-6). Eto, fe ymddengys na chafodd y diléit
diymwad hwn mewn barddas a hynafiaethau gefnogaeth na
chyfle i flodeuo. Cwyno am na chafodd athro barddol cymwys a
wneir yn y 'Fuchedd-draeth', a phriodoli i hynny ei ddiffyg medr
a hyder fel bardd aeddfed: 'Pe cawswn goleddiad yn ieuanc,
hwyrach y gwnaethwn brydydd go lew, ond nid oedd yn ein gwlad
ni y pryd hwnw neb a wyddai ddim am farddoniaeth i'm
hathrawu, ac ni welais reolau barddoniaeth nes yr oeddwn dros
ddeg ar ugain oed, yn dad i amryw o blant, ac yn llawn trafferth
i'w mhagu' (126). Canfyddir rhyw addasrwydd chwithig yn y
cysylltiad rhwng James a Jonathan Hughes, oherwydd cwyno a
wnaethai bardd Llangollen yntau am ddiffygion addysgol ac am
ddechrau barddoni mewn cyflwr o anwybodaeth: 'rwyf i'n roi fy
enw am Brydydd, ac mae'r wlad yn fy ngalw i felly, fel y mae pob
clyttiwr yn cael ei alw'n Dailiwr, pa faint bynnag a fydd rhyngddo
ef a bod' (*Bardd a Byrddau*, v; gw. hefyd Siwan M. Rosser (gol.),
Bardd Pengwern). Trewir nodyn ymddiheurol tebyg droeon gan
Iago Trichrug. Mewn cerdd i gyfarch Edward Jones, Maes-y-
plwm, er enghraifft, fe'i cawn yn datgan:

> Nid ydwyf fi, fy anwyl frawd,
> Ond gwael rigymydd trwstan, tlawd.
> (*Caniadau Maes y Plwm*, vii-iii)

Mae'n drawiadol mai un o garolau Edward Jones a wnaeth lawer
i symud rhagfarn rhai Methodistiaid yn erbyn yr hen garolau

plygain. Cafodd ei garol 'Clywch lais ac uchel lef' gymaint o
dderbyniad gan gynulleidfaoedd Methodistaidd nes i Robert
Jones, Rhos-lan ei chynnwys yn ail argraffiad ei *Grawn-syppiau
Canaan* yn 1805. Mae cyfeiriad yng ngherdd gyfarch Iago yn
tystio iddo glywed hen saint Llangeitho yn ei chanu, a buasai
hynny cyn iddo ymadael am Lundain yn 1799:

> Dy gân – 'Clywch lais ac uchel lef' –
> Sydd orchest awen bur o'r nef;
> Myfi a'i cenais lawer gwaith
> Yn nechreu fy nghrefyddol daith.
>
> Ac wrth ei chanu ambell dro
> Mi welais orfoleddu, do;
> Hen wragedd bro Llangeitho gu
> A wylent, – diau hyn a fu.

Hwyrach bod ychydig o sŵn hen frwydrau yn yr ail linell sy'n
hawlio arddeliad nefol i'r garol, a gellid disgwyl i boblogrwydd
eang y gerdd symud unrhyw amheuon a fuasai gan James
Hughes ar ôl ei dröedigaeth am ddilysrwydd y cyfrwng i fardd
ifanc o Gristion ailanedig. A aeth ati i lunio carolau plygain
tebyg, a impiai'r tinc Methodistaidd ar yr hen bren? Mae'r tinc
hwnnw i'w glywed yn glir yn yr unig enghraifft o'i eiddo y
deuthum i ar ei thraws, sef y garol Nadolig sy'n agor: 'Dewch
Gymru caredig ar Blygain nadolig / Arbenig, nodedig yw'r dydd'
(*Eos-lais, sef Casgliad o Ganiadau Ysbrydol a Moesol*, 79-82).
Dyma'r pennill olaf o ddeg:

> Caiff gwyl y nadolig ei chadw'n barchedig,
> Gan lu ail anedig y nef,
> Pan ddelont yn ddilys o rwydau i baradwys,
> Heb un yn wylofus ei lef;
> Pryd hynny'r edrychant ar hwn a wânasant,
> Addolant a molant ef mwy,
> Mewn hawdd-fyd mwyn hedd-fawr uwch haul fyd uchel-fawr,
> dadseinaint yn glodfawr ei glwy';
> Gwir Dduw y tangnefedd, dwg finnau'n dêg fwynedd,
> I'th annedd, Naf iawnedd, nef wen:
> Cymdeithas hyfrydaf yr Ysbryd sancteiddiaf,
> A'i ras, a ddymunaf. Amen.

Mwy ystyrlon yw sôn am ddylanwad mwy parhaol hanfodion technegol y canu carolaidd, yr odlau cyrch a'r cytseinedd, ar farddoniaeth aeddfed Iago. Llinellau fel hyn a ddysgodd ar ei gof o waith Jonathan Hughes, gan ffurfio'i glust farddonol:

> Ymlawenhawn ac awn i gyd,
> Wel dyma'r pryd priodol,
> I ganu hymnau'r boreu ddydd,
> I'n brenhin ufudd nefol,
> Hon ydyw'r adeg wiwdeg wen,
> Y cowsom lawen lewyrch,
> Haul cyfiawnedd duedd da,
> Goleua gwnna gynyrch,
> Pan oeddem mewn Tyw'llni,
> Ag angau i'n cysgodi,
> Disglaeriodd goleuni yn ganwylldeg inni,
> I doddi'r du oerni doe arnom,
> Pan welodd Duw'n eglur,
> Ein dialedd a'n dolur, cyfeiriodd ni ar lwybyr,
> Tangnefedd lan gywir,
> Penadur o gysur a gowsom.

> (Pennill cyntaf 'Carol Plygain ar Farwel Ned Pyw',
> *Bardd a Byrddau*, rhif VII, 33)

Yn y gyfrol arall, o dderbyn mai un o argraffiadau diweddar *Carolau a Dyrïau Duwiol* y bu'n pori ynddo, byddai wedi dod ar draws amryfal feirdd, rhai ohonynt yn sicr yn loywach eu crefft na bardd Llangollen, a Huw Morys yn eu plith. Ond cyfansoddi o'r glust a wnâi am flynyddoedd, mae'n debyg, heb gymorth athro na llawlyfr barddol, ac ni allodd fyth daflu ymaith yn llwyr ei ymdeimlad o amddifadrwydd ac annheilyngdod dihyfforddiant. Flynyddoedd yn ddiweddarach teimlai'n chwithig wrth gynnig cyngor i'w gyfaill Robert Owen (Eryron Gwyllt Walia) am ei gywydd 'Y Môr': 'hawdd genyf addef nad wyf fi fardd, na haner bardd, ac am hyny nid ydwyf addas, na haner addas i feirniadu' (*Cofiant a Gweithiau Eryron*, 273). Er bod y cyfeiriadau mynych hyn at annheilyngdod yn gallu bod yn flinderus, rwy'n tybio bod iddynt wreiddyn dilys. Nid gormod chwaith fyddai honni mai cynnyrch argyfwng addysgol a diwylliannol cenedlaethol oedd

Iago, argyfwng a warafunai i un o'i ddoniau a'i ddiddordebau ef unrhyw gyfle i'w meithrin.

Wrth fynd ati i astudio barddoniaeth Iago, ceisiais lunio rhestr gronolegol o'i gerddi trwy bori yn y cylchgronau cyfoes amlycaf. Ni honnir ei bod hi'n gyflawn, ac ni lwyddwyd i ddyddio'r holl gerddi a gynhwyswyd gan J. E. Davies yn *James Hughes*, ond nid yw'n anodd olrhain patrymau pwysicaf ei yrfa farddol. Yn 1819, hyd y gwelwyd, y mae Iago'r bardd yn dod i'r amlwg, a'r deng mlynedd sy'n dilyn yw ei gyfnod mwyaf llewyrchus. Mae'n dal ati hyd at ei farw yn 1844, ond ar ôl dechrau'r Esboniad yn 1829 ymddengys nad oedd ganddo gymaint o amser i farddoni. Gellir cysylltu gyrfa Iago hefyd â'r dadeni a fu yn hanes y wasg Gymraeg yn ystod y blynyddoedd hyn, dadeni yr oedd ef yn afieithus frwd o'i blaid, ac yn frwdfrydig falch o fod yn ei ganol (gw. Huw Walters, 'Y Cymraeg a'r Wasg Gylchgronol'). Yn 1818 ail-lawnsiwyd *Seren Gomer* yn Abertawe gan Joseph Harris (Gomer), ac yn yr un flwyddyn sefydlwyd *Goleuad Gwynedd* (*Goleuad Cymru* yn ddiweddarach) gan John Parry yng Nghaer. Dechreuwyd cyhoeddi *Y Gwyliedydd*, 'dan olygiad gweinidogion yr Eglwys Sefydledig', yn y Bala yn 1823. Ar dudalennau'r cyhoeddiadau hyn y daeth Iago Trichrug yn enw barddol adnabyddus. Yn ogystal â manteisio ar y llwyfan a gynigid iddo fel bardd, anfonai ambell lythyr neu adroddiad neu bwt o gyfieithiad hefyd. Roedd y cyfleoedd a ddarperid a'r rhwydweithiau a agorwyd gan y cyfryngau newydd hyn yn eithriadol o bwysig, yn arbennig felly i'r *diaspora* Cymraeg yn nhrefi a dinasoedd Lloegr. Darparent lwyfan a choleg a chymdeithas, yr union bethau y bu Iago ac eraill o'i genhedlaeth yn dyheu amdanynt. (Teg dweud i'r eisteddfodau ddechrau gwneud hynny eisoes.) Mae'n ddifyr gweld Iago, wrth gyfarch *Y Gwyliedydd* mewn cyfres o englynion yn 1825, yn cydio'r tri chylchgrawn ynghyd: '. . . tra fyddych / Cei lewych Goleuad / A Seren, tewch â siarad / Dyma'r tri sy'n gloewi'n gwlad.' Ar ddechrau ei yrfa farddol gyhoeddus yn 1819, anfonasai benillion digon deheuig i gyfarch *Seren Gomer* ac i gofnodi cyffro'r cysylltiad rhwng y wasg newydd a'i darllenwyr:

JAMES HUGHES

Mae Seren gymen Gomer
Yn marchog ar ddydd Mercher,
O Abertawe daw i'n plith,
A'i bendith mewn buander.
Caerludd a Rhydydyfnder•
Sy'n gweled llewyrch llawer
O'r cyfryw ser, a'u llonder llawn,
Yn gynar iawn dydd Gwener.*

                    (*Seren Gomer*, 29 Rhagfyr 1819, 409)

• (Deptford)
* (Ac weithiau prydnawn dydd Iau)

Roedd gan y Seren gylchrediad o 1660 yn 1819, yn cynnwys 111 yn Llundain, a 15 o'r rheiny yn Deptford. O fewn tudalennau'r cylchgronau ifainc hyn y cafodd Iago fynediad i frawdoliaeth farddol a gynhwysai hefyd dri o feirdd praffaf y cyfnod, Robert ap Gwilym Ddu, Ieuan Glan Geirionydd a Pedr Fardd. Cymharer cyfarchiad Dafydd Ionawr i *Seren Gomer*, yntau'n cofleidio'r llwyfan cyhoeddus newydd i'r beirdd: 'Seren lon i feirddion fydd, / O Fynwy i Eifionydd' ('Dau Englyn i Seren Gomer', *Seren Gomer*, Tachwedd 1820, 343).

Ond er nad oes wadu pwysigrwydd y wasg newydd, dyma un o'r meysydd hynny lle gall bylchau yn y dystiolaeth ein hudo i gyflwyno darlun anghytbwys a rhannol gywir. Yn ôl un cofnod cafodd afael ar lyfr rheolau barddoniaeth tua 1809-10, a dywed yn ei gyflwyniad i'r cerddi cyntaf iddo'u cyhoeddi yn *Goleuad Gwynedd* ym Mai 1820 mai barddoniaeth fu ei hoff ddifyrrwch ers dyddiau dod ar draws *Bardd a Byrddau* yn blentyn, 'pan gaffwyf adeg gan bethau eraill mwy pwysig a rheidiol'. Pan gododd helynt ynghylch ei bennill 'Prynu'r Bendithion' yn 1824, dywedodd iddo'i lunio bymtheng mlynedd ynghynt ar gais cyd-weinidog a wyddai ei fod yn prydyddu (*Goleuad Cymru*, Gorffennaf 1824, 449). Tebyg bod rhai o'r cerddi a gyhoeddodd ar ôl 1819 yn gynnyrch awen gynharach, a rhaid ei fod wrthi'n ymarfer a hwyrach yn ymryson yn ystod yr ugain mlynedd rhwng cyrraedd Llundain a'i lawnsio'i hun fel bardd yn y cylchgronau. Prawf o hynny, does bosib, yw'r ymryson (cyfres o ddeg 'cynnadliad') a fu rhyngddo a William Owen Pughe ar dudalennau'r *Seren* yn ystod 1820-1 ac 1823. Cyhoeddasai Idrison, a rhoi iddo ei ffugenw mynyddig yntau, *Coll Gwynfa*, ei gyfieithiad o *Paradise Lost* John Milton yn 1819, ac o ran eu statws a'u henw fel beirdd a Chymreigyddion mae'r ymryson rhwng un cyfuwch ei fri â Pughe a'r prentisfardd ymddiheurol o bregethwr yn ymddangos yn un anghymarus iawn. Mwy rhesymol yw tybio nad oedd doniau Iago wedi bod cymaint o dan lestr ag y mae cronoleg amrwd ffeithiau gwybyddus yn ei awgrymu.

Mae manylu ar rai o gerddi cyhoeddedig 1819 yn ffordd hwylus o ddynesu at natur awen Iago, ei gwendidau a'i chryfderau. Mae'n llunio englynion a chaneuon rhydd. Yn Ebrill 1819 cyhoeddodd gyfres o englynion i wlad yr Aifft a gwlad Gosen. Dysgodd y cynganeddion, ond nid yw ei waith yn rhydd o frychau, ac ni chanfu rwyddineb ymadrodd yn beth hawdd cael gafael arno yn y mesurau caeth, yn sicr nid ar fesur yr englyn. Nid daioni i gyd oedd dylanwad y canu carolaidd, ffurf enbyd o beiriannol ar ei gwaethaf, fel y tystia rhai o'i glymau cytseiniol gorymdrechgar, ond mae eu hôl i'w glywed yn y mynych gynganeddion sain a ddefnyddir gan Iago: 'Gwlad yr haint, llyffaint a llau', 'Gwlad y grawn ffrwythlawn ffraeth-lwys', 'Gwlad weir-glodd wen-fodd wynfyd, / Gwlad mae gwledd a hedd o hyd.' Dyma'r englyn 'diweddglo' sy'n cyferbynnu'r ddwy wlad trwy dair cynghanedd sain:

> Aifft ynfyd yw'r byd ar ben – mewn llesgedd,
>   Cyn llosgo'r ddaearen,
>   Brysiaf, argeisiaf Gosen,
>   Uwch yr entrych lon-wych len.
>
> *(Seren Gomer*, 7 Ebrill 1819, 112)

Ar yr un tudalen cyhoeddodd ei 'gyfieithad' o'r emyn 'Paradox' o waith Joseph Hart. Mae'n dewis defnyddio'r mesur 98.98 Dwbwl gydag odl gyrch a chytseinedd, mesur a ddefnyddiwyd gan Edward Jones, Maes-y-plwm, ac eraill. Er nad yw'n taro deuddeg bob tro, mae'r ddwy linell gyntaf yn ernes o'r llithrigrwydd melys a fyddai'n nodweddu ei emynau gorau: 'Mor rhyfedd yw gyrfa'r credadyn, / O'i gychwyn i derfyn ei daith.'

Cafodd o leiaf ddwy o'i gerddi rhydd cynnar eu cynnwys mewn blodeugerddi diweddarach. Lluniwyd ei 'Anerchiad i'r Cymreig-yddion, Llundain' (*Seren Gomer,* 30 Mehefin 1819, 204-5; gw. hefyd *Yr Awenydd: sef Blodeu-gerdd Newydd,* 33-7) i gefnogi'r ymchwil am lwyth Madog yng ngogledd America. Er bod awgrym yn y pennill cyntaf i'r bardd ddatgan y gerdd yn un o gyfarfodydd y Cymreigyddion, tebyg mai dyfais rethregol ydyw, oherwydd fe'i lluniwyd, yn ôl cyflwyniad y bardd, ar ôl darllen araith a draddododd John Solomon Jones i'r Cymreigyddion ar y pwnc, araith a gyhoeddwyd yn *Seren Gomer* (7 Hydref 1818, 295-302). Yn sicr, mae am arddel ei Gymreictod yn gyhoeddus ger eu bron, a mynegi ei gydymdeimlad â'u hamcanion, oherwydd:

> Hil Gomer ydwyf finau,
> Oddi rhwng mynyddau noeth
> Ardaloedd *Tri-chrug Aeron*
> Y glan gymdeithion doeth;
> Pur rywiog waed y Cymro
> Sy'n llifo ynwy'n llawn,
> 'Rwy'n caru 'ngwlad gynwynol,
> A'i gwir farddonol ddawn.

Gofidia'r bardd fod ei gymrodyr Gomeraidd yn byw heb efengyl mewn gwlad bell, 'Heb wybod dim am Geidwad, / Ei gariad ef a'i gur'. Byddai'n ymuno â'r ymgyrch i'w darganfod – 'Awn, chwiliwn am y tylwyth', meddai – oni bai am ei amgylchiadau teuluol. A hwyrach bod y cyfeiriad bach hwnnw o fwy o ddiddordeb bellach na'r ffaith iddo gael ei hudo gan y chwiw Fadogaidd. 'Ond gwraig a chwe' o rhai bychain, / Nid hawdd eu harwain hwy, / Na'u gadu 'chwaith yn Lloegr, / Er blinder i ryw blwy'.' A thybed nad oedd hen hiraeth am y tad a'i gadawsai yn rhan o'r dynfa i'r gorllewin?

Hwyrach bod is-destun teuluol i 'Fflangell y Cybyddion' hefyd (*Seren Gomer,* Ionawr 1820, 23-4; gw. hefyd *Cerddi Cymru,* Cyfrol 2). Er mai gwiriondeb ar ryw gyfrif yw priodoli cymhellion personol i fotiff mor drwyadl gonfensiynol ym marddoniaeth y cyfnod â'r cybydd, ni ellir anwybyddu'r profiadau chwerw a ddaeth i'w ran yn sgil ymddygiad crintachlyd ac annheilwng ei frawd ar ôl ymadawiad ei dad. Ond does dim amheuaeth ynghylch ystwythder deheuig na sigl hwyliog y bardd yn y cyfrwng hwn:

> Holl fryd ei galon greigaidd,
> Ddyn bawaidd cïaidd cas,
> Yw crafu a chribddeilio,
> Serch iddo dreisio'i drâs;
> Am gyfoeth byth yn gyfrwys,
> Bid gymhwys, neu bid gam,
> Ni rusai'r anfad gerlyn
> O fymryn werthu'i fam.

Yr ymryson rhyngddo a Pughe oedd achlysur pwysicaf ei yrfa farddol gyhoeddus gynnar. Ni wyddom pryd na sut yn union y blodeuodd y cyfeillgarwch rhwng y ddau, ac awn ni ddim i ddyfalu, ond mae'r cerddi ymryson, y deg 'cynnadliad', a'r llythyrau a gadwyd oddi wrth Iago at Pughe (Idrison), yn perthyn i'r blynyddoedd 1820-4. Yn ystod y cyfnod hwn hefyd ceir rhai cyfeiriadau at Iago Trichrug yn y 'Dyddgoviant' a gadwai Pughe ac sydd ar gadw yn Llyfrgell Genedlaethol Cymru (LLGC Llsgr 13248B). Awgryma hwnnw mai perthynas ohebiaethol oedd rhyngddynt yn bennaf, 'ysgrivaw at Iago Trichrug', ond o bryd i'w gilydd trefnent i gyfarfod am ginio neu de. Unwaith o leiaf (21 Rhagfyr 1820) aeth Pughe i Deptford i gael 'tea' gyda'i ymrysonwr. Bryd arall cwrddent yn nhai rhai o'u cydnabod Cymraeg yn Llundain. Wrth bori'r dyddiaduron cawn ein hatgoffa mai bywyd ysgolhaig o fonheddwr oedd bywyd Pughe, a hyn tra oedd Iago yn dal i weithio wrth yr einion ac wrth ei bregethau. Ond yr oedd Iago bellach yn un o arweinwyr crefyddol y Cymry yn Llundain, ac yn awyddus i fanteisio ar y llwyfan ehangach a gynigid gan y cylchgronau. Mae William Owen Pughe yn ŵr uchel ei fri ar sail cyfraniad nodedig (na fyddai beirniadaeth ddiweddarach yn ei lwyr danseilio) a gynhwysai eiriadur a bywgraffiadur. Oherwydd ei arbrofi di-sail ym meysydd geirdarddiad ac orgraff daeth yn gocyn hitio i ysgolheigion diweddarach, ond mae'n amlwg bod Iago, ac yntau'n boenus ymwybodol o'i ddiffygion addysgol, yn ei drin â'r parch dyledus i un a gyfrifid gan lawer o'i gyfoedion yn ysgolhaig mawr. Nid ym mhob maes ychwaith, ac nid ym myd yr orgraff y cymerodd Idrison ei unig gam gwag. Aeth yn un o ddilynwyr y broffwydes ryfedd Joanna Southcott, a chael ei hudo'n llwyr gan ei gweledigaethau. Gwnaethai hyn Pughe yn gyff gwawd i lawer. Hyd yn oed ar ôl ei marwolaeth, pan wrthbrofwyd ei honiad ei bod yn feichiog ac yn mynd i esgor ar Shiloh, arhosodd Pughe yn ffyddlon gan fod yn un o'r rhai a aeth ynglŷn â diogelu ei phapurau (Carr, *William Owen Pughe*, 124-55; 179). Buasai Iago wedi sylwi ar hyn i gyd yn ystod ei flynyddoedd yn Llundain, ar yr ymroddiad ysgolheigaidd i'r *Cambrian Register* (y cyfnodolyn y cyhoeddwyd ei drydedd gyfrol dan olygyddiaeth Pughe yn 1818) a phrosiectau eraill ar y naill law, ac ar y dilyn ar ôl tabwrdd a ffliwt Southcott ar y llaw arall. Mae ymateb Iago iddo yn ddadlennol; mae'n gwisgo'r orgraff Buwaidd wrth ymryson ag ef ac wrth ysgrifennu ato, ond yn ei diosg gan amlaf, ond nid bob tro, mewn amgylchiadau eraill. Rhyw ddifyrrwch yw'r peth iddo, gellid tybio; mae wrth ei fodd fod iddo berthynas â'r dyn mawr, ond mae'n sicr yn ei weld yn ddyn cymysglyd o ran ei olygiadau crefyddol ac athronyddol, un y mae angen ei hyfforddi a'i fugeilio. Bydd edrych ar bigion o'r ymryson a fu rhyngddynt yn fodd i ni ddirnad ysbryd, amcan ac arddull Iago yn ei ymwneud â William Owen Pughe.

Iago a anfonodd y cerddi cyntaf at olygydd *Seren Gomer*, ond hynny ar anogaeth Idrison a than sêl ei fendith. Idrison a roes gychwyn ar bethau gyda'r pennill hwn am y lloer fel ffynhonnell drygioni:

> Machludai HAUL, a dwyrai hithau LOER
>   Wenfelen: cartref diawl er drwg yw hon;
> Camenwid hi yn DDIWAIR, am mai oer
>   Ei gwedd; can nad oes hafddydd hiraf llòn
> A welai hanner troiau mall à doer
>   Mewn awr neu ddwy gàn wên y lleuad gròn
> Plith daearolion – eto hi mòr ŵyl
> Edrycha fal yn brysiaw ar ei hwyl.

Dyma osod patrwm: Idrison yn cyflwyno syniadau anuniongred a dweud y lleiaf, Iago yn ceisio'i gywiro'n dyner yn yr un ieithwedd â'i wrthwynebydd, ond yn manteisio ar y cyfle i droi ei gân yn bregeth. Y mae llinell gyntaf Iago yn ateb craidd pennill Pughe, 'cartref diawl er drwg yw hon', yn ddiamwys gyferbyniol:

> Nid ar y LLOER mae bai am bechawd dyn:
> Mae hon yn DDIWAIR, mal yn oer ei naws;
> Ond calon ddrwg, o felldigedig wŷn,
> Ydyw ffynnonell pob rhyw weithred draws . . .

Mae'r chwe phennill wyth llinell yn olrhain tarddiad drwg i'r 'Sarff', yn mynnu nad oes gan yr haul na'r lloer unrhyw ddylanwad ar galon dyn, ac mai 'goleuni nef' yn wir sydd ei angen arno, fel y bu hi yn ei achos ef:

> Goleuni nef o fewn y fynwes fau,
> Oedd gynt yn dywell fal y fagddu fawr,
> A barodd imi brudd edifarâu
> Am bethau gynt à wnaethum hyd y llawr:
> Nid ofn y LLOER á wnaeth i mi wellâu,
> Nac ofn yr HAUL yn peri dwyrain wawr;
> Ond arswyd IOR a dawn ei Ysbryd ef
> A droes yr enaid mau i lwybrau nef.

A throir wedyn yn y ddau bennill olaf at apêl efengylaidd gyfarwydd, ond ei bod hi'n anghyfarwydd ac ychydig yn chwithig, ychydig yn ddoniol, glywed ei lleisio yn yr ieithwedd arbennig hon. O fewn dau dudalen yn yr un cylchgrawn mae'n werth nodi bod Iago yn canu mewn dull mwy naturiol a chonfensiynol wrth gyfieithu llinellau am hen gadair y Parch. George Whitefield (*Seren Gomer*, Awst 1820, 244).

Bydd edrych ar y pedwerydd 'cynnadliad' yn fodd i sylwi eto ar ymagweddu bugeiliol, hyfforddiadol Iago. Yn gwrtais ond yn gwbl bendant, mae'n ceisio datrys y clymau syniadol y mae blynyddoedd o ganlyn Joanna Southcott a darllen amryfal weithiau eraill wedi eu gweithio ym mhen Idrison. Ers yr ail 'gynnadliad' mae Idrison wedi bod wrthi'n mwydro am arwyddocâd cymal yn Llyfr y Pregethwr, 'lle y syrthio y pren, yno y bydd efe' (pennod 11, adnod 3), ac wedi symud y pren syrthiedig rywsut i ardd Eden a'i glymu wrth gwymp y ddynoliaeth. Yn y trydydd 'cynnadliad' mynnodd Idrison fod yn rhaid bod yna ail Efa, os oes sôn am ail Adda. Egyr Idrison 'Gynnadliad IV' wedyn gyda'r honiad hwn:

> I DRECH-DDYBENU dadl, yr ION
> Yn awr anfona ini
> 'Amgeledd cymhwys' yn y WRAIG
> Er difa DRAIG drygioni.

Nid aeth Iago ati i hel dail yn ei 'Attebiad'. Mae'n gwrthod unrhyw awgrym o briodoli iachawdwriaeth i'r wraig:

> Nid hawdd y cair ar hyn o dro
> Gysondeb o ddywedyd,
> Mai yn y WRAIG o radd ddirỳm
> Câa dynion ymgeleddfyd.
>
> Pwy ydyw hòno, ryfedd WRAIG,
> 'A ddifa ddraig drygioni?'
> Dychymyg ydyw EFA AIL
> Heb unrhyw sail amdani.

Wedi crynhoi'r athrawiaeth feiblaidd ar gwymp ac adferiad dyn, mae Iago'n cloi gyda phennill sy'n ceisio argyhoeddi ei gyfaill o'r unig egwyddor ddiogel ar gyfer eu myfyrdodau:

> Gwirionedd ydym yn ei drin;
> Rhaid gochel rhin-ddysgeidiaeth:
> Cyd-deithiwn ysgrythyrawl dir,
> Gan ddylyn gwir athrawiaeth.

Hwyrach mai awydd i lywio'r ymryson yn gadarnach sy'n cyfrif am y ffaith mai Iago sy'n agor pob un o'r chwe 'cynnadliad' arall, a hynny eto ar bynciau beiblaidd. Ond er cryfed ei ymdrech i chwalu dychmygion Idrison, does dim gwadu apêl yr arddull Buwaidd i Iago yn ystod y cyfnod hwn. Lluniodd gerddi eraill yn arddull awdur *Coll Gwynfa*; 'Mawredd y Messiah', er enghraifft, sef ei 'alleiriad mydrawl' o bennod gyntaf yr epistol at yr Hebreaid. Un o'i gynigion mwyaf uchelgeisiol oedd ei gyfieithiad o gerdd gan Blair, 'Y Bedd', a anfonodd mewn llythyr at Pughe yn

1823, gan ofyn am feirniadaeth ac am gyfarfod (LLGC Llsgr 13263C). Ar ôl mynd i gryn drafferth yn chwilio am y gerdd wreiddiol 'ar hyd a thraws hen lyvr-feinciau Llundain', cafodd gopi 'yn llog' gan gyfaill, brawd Pedr Fardd. Efelychodd Pughe hefyd wrth atgynhyrchu hen benillion yn yr orgraff newydd (*The Cambro-Briton*, Tachwedd 1821, 49). Cyflawnodd uchelgais farddol y dydd trwy lunio awdl enghreifftiol ar y 24 mesur ('Ystyriaethau mewn Trallod', *Seren Gomer*, Medi 1824, 378-9). Lluniodd gywydd hir, 'Y Môr Coch yn Faes Celanedd' ar destun Eisteddfod Gwent yn 1822 (*Seren Gomer*, Medi 1823, 278-81), ac i bob golwg roedd yn prifio'n fardd llwyddiannus y disgwylid iddo ennill cadeiriau a chyhoeddi cyfrol o'i waith. Nid felly y bu, nid oherwydd diffyg dawn, ond am nad barddoniaeth oedd nwyd mawr ei fywyd. Pregethu oedd hwnnw. Roedd yn hoff o'i gysylltiadau llenyddol â gwŷr fel Pughe a Thomas Jones ('Y Bardd Cloff'), llywydd y Gwyneddigion yn 1821 a gŵr y lluniodd englyn diolch am fenthyg march iddo mewn llythyr at Pughe (LLGC Llsgr 13263C, 123). Ond nid y beirdd oedd ei brif gyfeillion. Ei frodyr a'i chwiorydd crefyddol oedd y rheiny, ac felly fe'i cawn yn gynyddol yn cyfyngu'i ddoniau barddol at eu gwasanaeth hwy. Ond rwyf am grybwyll dwy o'i gerddi caeth o'r 1820au sydd yn dangos cyfyngiadau'r confensiwn arddullegol y'i daliwyd o'i fewn, yn ogystal ag ambell sbarc yn ymryddhau o'r hualau.

Mae 'Englynion y Bugail' (*Goleuad Cymru*, Tachwedd 1821, 296), â'i hadlais amlwg o gwpled enwog Goronwy Owen o'r 'Cywydd Ateb i Annerch Huw ap Huw', 'Os mawredd yw coledd cail / Bagad gofalon bugail', yn rhoi cyfle i'r bardd gyfosod profiadau Trichrug a Deptford a Wilderness Row. Nid yn annisgwyl, cyferbynnu afiaith bugeilio defaid ei dad a thrafferthion gweinidogaethol cyfoes yw'r trywydd:

> Coledd cail â bugail-ffon, – with tra-dwl,
> Wrth droed Tri-chrug Aeron;
> Gwnais cyn hyn yn llencyn llon,
> Iach, heinif, heb achwynion.

Coledd cail â bugail-ffon – ŵr oediog,
      Yr ydwyf yr awron;
   Yn Nghaerludd, go brudd yw'm bron,
   Gan filoedd o ofalon.

Mae'r bugail yn ceisio 'rhoi purfwyd / A rhoi porfa ddigon', a
'Dwyn yn ôl i'r freiniol fron / Wyn egwan o'r mawnogion'. Ond
gwaith diddiolch ydyw 'mewn curlaw / Ac erlid gorddigllon'; yn
wir, 'swydd ddiglod hynod yw hòn' sy'n cymell y deisyfiad 'Duw'n
blaid bugeiliaid gwaelion', cyn ymgysuro ym mugeiliaeth
ffyddlon 'Duw Iesu': 'Ef a goledd fugeilion / Anwylaidd, a'i braidd
o'u bron.' Ergyd ysbrydol sydd i'r gerdd arall ar fesur englyn yr
wyf am ei chrybwyll, sef 'Englynion a wnaed wedi bod yn gweled
yr aneirif luniau sydd yn y *Royal Academy, Somerset House,*
Llundain' (*Y Gwyliedydd,* Mawrth 1829, 89). Er y byddai ambell
ddarllenydd yn wfftio at Philistiaeth foeswersol ymateb y bardd
i'r arddangosfa, nid yw'n gerdd amddifad o ffraethineb ychwaith,
os dychmygwn y bardd yn mynd ar gais cyfaill i'r Academi
Frenhinol ac yna'n graddol ddiflasu a blino wrth drampio o lun i
lun:

   Llun dynion, meirwon, ar y muriau – 'n llawn,
      A llun arglwyddesau;
   Llun cŵn meirw, a llun teirw tau,
   Neu fuchod mewn cilfachau.

Yn y diwedd ni all y pregethwr beidio â throi'r arddangosfa yn
eglureb am wagedd y byd: 'Beth yw'r byd ynfyd enfawr, – a'i
lawnder, / Ond eilun-dy dirfawr?'

   Gwreichion yn unig o bersonoliaeth farddol Iago a geir yn y
cerddi hyn. Fe'i canfyddir yn gliriach mewn amgylchiadau llai
ffurfiol, ac weithiau mewn cerddi nas cyhoeddwyd, ond a
gynhwyswyd mewn llythyr neu lawysgrif. A defnyddio ymadrodd
Williams Parry, mae 'miwsig cerdd fwy iasol' i rai o'r cynhyrchion
hyn, ac nid yw hynny'n beth eithriadol yn hanes barddoniaeth y
cyfnod. Crybwyllwn dair o'r cerddi hyn. Llythyr bugeiliol ar ffurf
triban yn gyntaf, at Robert Jones, un o aelodau Jewin mae'n
debyg. Ceryddu ac argyhoeddi o fai yw'r nod, a gweir hynny'n
ffraeth ddiflewyn-ar-dafod. Hwyrach iddo farnu mai'r cywair

anarferol hwn oedd yr un addas ar gyfer trin y brawd dan sylw. Mae'n bosibl hefyd nad anfonwyd y gerdd at ei gwrthrych. Fe'i dyddiwyd 13 Rhagfyr 1825, ac fe'i dyfynnir yn llawn, gan ddiweddaru'r orgraff yn yr achos hwn. (Yn y gwreiddiol defnyddiwyd yr orgraff Buwaidd drwyddi, sef <ç> am <ch>, <δ> am <dd>, <f> am <ff> a <v> am <f>.)

Anerchwyf <u>Robert</u> haelwych
Ap <u>Ioan</u> o swydd Dinbych
Rhoi annerch dirion, fwyn ddiglwyf
A chynnes wyf yn chwennych.

Tydi y tro diweddaf
Eith welais iawn y cofiaf,
A gwynit nad oedd bennill byr
Yng nghwt fy llythyr olaf.

Daw hyn i gyd i'th olwg
Ar Driban mwyn Morgannwg
Yn iaith hen Gomer groewber gref
Wel, darllen ef atolwg.

Siaradais ryw ddiwedydd
Â'r cyfaill William Gruffydd
Yng nghylch dy Gôr (<u>pew</u>, medd y Sais)
Yn ôl dy gais yn ufudd.

Gwilym yn ddiwagelog
A wiriai yn llawn eiriog
Ar glyw llaweroedd yn y lle
Nad oedd efe yn euog.

Dywedai'n ddigon llym-gall
'Fod <u>Bob</u> ei hun yn deall
Nad oedd awdurdod ganddo efe
I roi dy le i arall.'

Ac hefyd taerai William
O gadw'r Côr yn ddinam
I ti wythnosau, chwech neu saith –
A oedd ei iaith e'n wyrgam?

JAMES HUGHES

A rhai oedd yn dywedyd
Dy fod di yn gynhenllyd
Yng nghylch y côr, heb unrhyw sail
Gan nacâu 'i ail gymeryd.

Dywedai eraill hefyd
Bod Robert Jones yn ynfyd
Yn wag, yn ddibris, megis mwg
Yn fawaidd ddrwg ei fywyd.

Ai gwir wyf yn ei glywed
Fod Robin Jones mor ddigred
A threulio'r Sul mewn <u>Gig</u> o'i go
Yn marchog efo merched?

Tydi fu gynt yn cwynaw
Oblegid llanciau difraw
A aent i rodio ambell dro
Y Saboth, o dos heibiaw!

Mi glywais i gan rywun
Fod Bob yn baffiwr echryn
A'i fod e'n hoffi diod gref
A dolef gyda'r delyn.

A'i fod o'n wyllt aneiri
O desach a lodesi
Os gwir yw hyn, yn ddigon <u>siwr</u>,
Mae'n bryd i'r gŵr briodi.

Nid ydwyf yn wrthwyneb
It garu mewn doethineb
Ond gwylia bob budrogen wag
A gwylia rhag godineb.

Ow! Robin, Robin, Robin,
Gweddïa Dduw yn ddiflin
Am ras i ymlwybro er ei glod
A phaid â bod yn llibin.

Atolwg paid â digio
Fy mod i yn dy ddondio
Daioni iti yn ddifrad
Yw gwir ddymuniad Iago.

LLÊN Y LLENOR

Diolchwyf o fy nghalon
I ti am dy anrhegion
Cyfranned Duw ei ddoniau ef
I ti o'r nef yn afon.

Bydd wych, a bydd heddychol
Ac O!, bydd ddyn crefyddol
Ow! gwylia rhag dy daro â dwrn
Duw Iôn i ffwrn uffernol.

(LLGC Llsgr 5511C)

Mae rhwyddineb naturiol canu rhydd fel hyn, mor wahanol i straen rhwystredig rhai o'i englynion, i'w glywed mewn cerddi anghyhoeddedig eraill; cawn benillion hunangofiannol ar ei bererindod ysbrydol, 'Mae weithian lawer blwyddyn maith / Er pan gychwynnais ar fy nhaith' (LLGC Llsgr 5511C), ac yn yr un llawysgrif benillion ar ddirwest a ddyfynnir maes o law wrth drafod ei agwedd at y symudiad hwnnw. Ceir yn ei lythyrau benillion yma a thraw, fel arfer wrth gloi. 'Byddaf yn aml yn ysgrifaw rhyw bennilliach ac englynion unigawl ar ddiwedd pethau ereill, er mwyn llenwi y papur, heb feddwl byth amdanynt drachefn', meddai unwaith ('Prynu'r Bendithion', *Goleuad Cymru*, Gorffennaf 1824, 448-51); ond er mai rhigymau dinod ydynt gan amlaf, weithiau clywir tinc y llais barddonol dilys. Wrth ysgrifennu at y Parch. John Foulkes, Llanelidan yn 1832, esboniodd ar gân pam na fyddai'n debyg o ddod ar daith bregethu i'r Gogledd yn fuan:

A dweyd y gwir rwy'n ofni'r daith,
A chyda hyny'n ofni'r gwaith,
Mae'r daith yn mhell, a'r gwaith yn fawr,
Mae'n well ystyried hyny 'nawr.

Mae gwylio gartre'n llawer gwell
I mi, na chrwydro gwledydd pell;
Mae yma ddigon llawn o waith
I fugail afiach llegach llaith.

JAMES HUGHES

Nis gwaith i Iago hel ei fwyd,
Yn Llundain, nag yn Nyffryn Clwyd;
Ai yn y wlad, ai yn y dref,
Isel-fyd yw ei goelbren ef.

(LlGC, AMC 27533; Llsgr Bangor 1515)

Er bod mesur yr englyn yn aml iawn yn rhwymo awen y bardd, roedd yn gywyddwr mwy rhugl, a'r enghraifft orau o'i ddefnydd o'r mesur yw'r cywydd annerch i'w gyfaill Robert Owen, 'Eryron Gwyllt Walia' (*James Hughes*, 369-73; *Cofiant a Gweithiau Eryron*, 291-3). Daethai Robert Owen i Lundain yn 21 oed yn 1824, a gwneud ei gartref ysbrydol yn eglwys Jewin. Dechreuasai gyhoeddi cerddi yn y cylchgronau eisoes, ac ni allai'r berthynas rhyngddo a'i weinidog o gyffelyb anian beidio â blodeuo. Yn 1825 enillodd fathodyn arian Cymdeithas y Gwyneddigion am gywydd, 'Y Môr' yn Eisteddfod Llundain. Cyn ei anfon i'r gystadleuaeth gofynnodd i'w gyfaill a'i gynghorwr hŷn roi ei farn arno. Ymatebodd Iago mewn llythyr nodweddiadol ohono fel bardd a beirniad; nodi gwallau ac awgrymu gwelliannau yn dawel awdurdodol, ac yna mynnu ei fod yn anghymwys i feirniadu neb (*Cofiant a Gweithiau Eryron*, 273). Yn yr un flwyddyn anfonodd lythyr byr, wedi'i ysgrifennu yn yr orgraff Buwaidd, at Eryron yn ymateb i gais am sylwadau ar englynion a wnaeth y bardd iau; o ran bod yn gymwys i'w feirniadu, 'byddai raid i mi fod yn waeth nag ynvyd, pe tybiwn vy hun yn addas i hyny' (*Cofiant a Gweithiau Eryron*, 326).

Trewir yr un tant yn y cywydd annerch diddyddiad i Eryron Gwyllt Walia, hwn hefyd yn ymateb i gais am feirniadaeth ar awdl o waith Eryron. 'Arwraidd yw Eryron', meddir, ond am Iago ei hun: 'Myfi'n fardd! – na gwaharddwyd / Rhoi awen i'r lledben llwyd.' A rhan o hwyl y cywydd yw'r modd yr â'r bardd ati'n fedrus ffraeth, gan wyro oddi ar fesur y cywydd am ychydig, i ddatgan mor anfedrus ydyw fel bardd! (Deheufardd yn wir, fel yr arferai ei gystwyo'i hun yng ngŵydd beirdd y Gogledd):

61

LLÊN Y LLENOR

Pe gallwn, barddwn yn bêr
Gânau o fawl i'm gwiw-Ner;
(A chystadlwn orchest odlau,
Athraw dethol, a'th rai dithau;
A doeth gurwn dy waith gorau
Mewn ymadrodd mwyn a mydrau).

Ond Ow! fy ngwall! nis gallaf
Wneuthur hyn, y clebryn claf;
Dïasbri wyf fi o fardd,
Gwyl, ddihyf, gwael ddeheu-fardd;
Llawn cur a llafur oll wyf,
Llawn nadau hyllion ydwyf.
Llyna wir, a llawn yw oes
Y Trichrug o wae tra-chroes.

Methiant o fardd, felly, ac â'r cywyddwr yn ei flaen, yn llai ysgafnfryd a choeglyd o dipyn, i gwyno nad oes fawr o lewyrch arno fel goruchwyliwr ar braidd Duw ychwaith: 'Bugail hardd, na bardd ni bûm, / Annoeth fu oll a wnaethum'. Mae'n canu'n iach i'r awen ('Eled, myn dyn, i Wynedd'), ac ni welai neb ei cholli pe torrai ei fugeilffon yn ddwy, hynny yw, pe peidiai â bod yn weinidog, oherwydd bugail ofnus, llwfr ydyw:

Rhyw fwgan oer o fugail
Yw Iago er gwylio'r gail,
Anhyf i arwain hefyd
Y llu praidd drwy fawaidd fyd.
Llawer bras filyn llewaidd,
Dirmyglawn o greulawn graidd,
A'm dychryn, a'm sỳn gasâ,
Llawer hwrdd a'm llwyr hyrddia.

Ac erbyn iddo gyrraedd glo mân ei gyflogaeth a'i gydnabyddiaeth, diflannodd yr afiaith agoriadol yn llwyr, a nodau siom, anfodlonrwydd ac ychydig o hunandosturi a glywir, a'i barodrwydd i ymddiried yn y brawd iau yn awgrymu cyfeillgarwch aeddfed, dibynadwy:

Wyf dlawd, a than wawd yn wir;
Yn ddystaw, yn ddiystyr,
Yn lleiaf, gwaelaf o'r gwŷr.
Gwedi blwyddau'n ddïau ddeg,
Och i'm gên, chwe'n ychwaneg,
O goledd a bugeiliaw
Praidd drwg a'u poreiddio draw,
Y llôg a'r gyflog a gâf –
Rhyw oerni, a rhuaw arnaf!
A nodi'n wir nad wy'n werth
Cyflog, ffwdanog dinerth;
Taera rhai y dylai'r dall
Wneuthura rhyw waith arall.

Ond wedyn mae'n ymbwyllo, ac yn derbyn mai da yw iddo beidio
â derbyn gormod o glod dynion, a chael ei gadw yn y llwch:

Gwir foddus, gwâr a fyddwyf,
Sâl o ddyn, iselaidd wyf;
Y llwch, mi wn yw fy lle –
Prydlawn âf i'm priodle.

Ond dyma ymysgwyd eto at ddiwedd y cywydd, gan estyn
'Croesaw i'r Bardd hardd, hirddawn' i ddod 'Heb nâg i fwthyn
Iago':

Brysied, a deued y dydd,
Mwyn y gwelom ein gilydd.
Pan dêl y bardd, ni waharddir
Nac aelwyd, na bwyd, na bir.

Fel y nodwyd eisoes, un arall a fu'n rhan o gylch llengar Jewin
am gyfnod oedd Robert Hughes (y Parch. Robert Hughes,
Uwchlaw'rffynnon). Derbyniodd gywydd gan Iago yn ei lon-
gyfarch am gipio'r wobr yn Eisteddfod Llannerchymedd yn 1835,
gan ei gyfarch fel 'Y bardd mawr o Dre'r Cawri' (*Hunan-gofiant
. . . y diweddar Barch. Robert Hughes,* 179). Melys hefyd oedd
gallu croesawu cyfaill o fardd-bregethwr i Lundain; yn 1836
lluniodd englynion i gyfarch y Parch. Thomas Elias, 'y Bardd
Coch' (gw. *Bywg.*, 190-1) (*Y Drysorfa,* Tachwedd 1836, 352).

Mae gennym eto un gerdd bersonol, gyffesol i'w thrafod.
Hawdd fyddai mynd heibio iddi'n ddiarwybod wrth bori yn

Goleuad Cymru, oherwydd dewisodd ffugenw gwahanol ar ei chyfer. 'Cwyn Caradog' oedd ei theitl, a 'Caradog' yw'r awdur (*Goleuad Cymru*, Gorffennaf 1830, 218-19). Mae'n ei harddel mewn llythyr at John Roberts yn 1831 (LLGC, AMC, Coleg y Bala 1: 629), a dyfynnwyd y llinellau agoriadol yn y cofnod ar James Hughes a geir yn ail argraffiad y *Gwyddoniadur Cymreig* (cyf. V, 559F). Mae'r penderfyniad i ddisodli ei enw barddol arferol yn dangos rhywfaint o awydd am awduraeth anhysbys, neu o leiaf i gymryd arno ei fod yn ysgrifennu'n anhysbys, ac felly'n rhydd i lunio cerdd mor ingol o gyffesol â dim a welir yn ei lythyrau a'i gerddi anghyhoeddedig. Cerdd hunangofiannol a hunanymchwilgar ydyw, cerdd 'dyn wedi troi'r hanner cant', ys dywedodd Gwenallt yn 'Y Meirwon', 24 pennill o bedair llinell o ddeg sillaf, gyda defnydd helaeth o gynganeddion sain. Mae'n ceisio gorffen yn gadarn ar dir gobaith Cristnogol, trwy bwyso ar y 'ffyddlonaf frawd; /A rydd wrandawiad mwyn i'w gwyn i gyd', ond nid yw'r tri phennill a geir yn y cywair hwn yn dirymu argraffiadau eithriadol gryfion y 21 pennill a'u rhagflaenodd. Ynddynt mae'n mapio'r newid a welodd yn ei bersonoliaeth ei hun (a derbyn mai ef yw Caradog), yn sgil gorthrymderau bywyd, yn arbennig felly'r frwydr i fagu teulu ac i gael dau ben llinyn ynghyd. Wrth natur, un siriol a llon ydoedd, ac mae'r penillion agoriadol yn dwyn i gof afiaith a hoen ei lencyndod:

> Ef a'i gyfoedion oeddynt megis wyn,
> Ar hwyr-ddydd haf, yn llamsach hyd y twyn;
> Ac môr ddiniwed, heb na chas na gwg,
> Llawn arial llòn, heb unrhyw droion drwg.

Gwir bod atgofion y 'Fuchedd-draeth' am ei lencyndod yn fwy brith na hyn, ond dweud a wneir mai dyma oedd ei anian naturiol yn grwt, cyn i ofalon bywyd ei ystumio dan eu pwysau. Llawenydd a nodweddai gyfnod cyntaf ei briodas hefyd ('Nid oedd un dau dedwyddach yn y byd'), ond gyda dyfodiad y plant y dechreuodd yr esgid wasgu:

Chwanegai'r plant, yn raddol hyd yn wyth,
Heblaw a gladdwyd, llawn gorddigon llwyth;
Ac fàl yr oedd y teulu yn trymâu,
Yr oedd Caradog druan yn llesgâu,
. . .
Yn ddïarwybod megys iddo ei hun,
(Ac felly hefyd ei anwylaf fun,)
E gollodd ef ei ysbryd bywiog, llòn,
A'i gàlon aeth fàl càreg dàn ei fròn.

O ystyried ei amgylchiadau, felly, pa syndod i'w natur newid? Trywydd amddiffynnol sydd i'r gerdd wrth iddi ddatblygu:

Y dyn a fyddo'n wastad dàn y dwfr,
Nis dichon llai na bod yn wàn a llwfr;
. . .
Mal hyn Caradog, heddyw'n hanner cant,
Heb orchwyl mwyach ganddo, nac i'w blant;
Mewn rhaid a rhys, heb ddim yn tywys tâl,
Gan bwys y byd, isel-fryd yw a sâl.

A phe sylweddolai ei feirniaid sy'n edliw iddo ei natur anghymdeithasol, ac yn ei alw'n 'gatwrdd mwyaf digyfeillach', beth yw natur ei ofid, ni fuasent mor barod i'w gondemnio: 'Cyn barnu'r gwàn, e ddylai llawer brawd / Ei hunan wybod beth yw bod yn dlawd'. Y tlodi parhaus hwn a'i sigai, ac a barai iddo fod yn fud yn aml yn y gyfeillach ac encilio i'w gell:

Nis gall ychwaith areithio'n hyf, heb nâg,
Yn mhlith ei well, o herwydd llogell wâg.
. . .

Na feier mwyach ar adfydyn llwyd,
Am fod yn brudd, pan na bo ganddo fwyd;
Nac am ei fod yn cilio oddiwrth ei well,
Fal meudwy bron, digalon yn ei gell.

Nid yw'r traethu'n gwbl rugl drwodd, ac mae rhywfaint o ôl dylanwad William Owen Pughe ar yr iaith, ond rhaid cydnabod grymuster hynod y gerdd hon. Nid yw'n anodd dirnad pam y teimlai'r pregethwr a'r esboniwr y Parch. James Hughes a'r bardd ffugenwol Iago Trichrug fod arno angen haen ffugenwol arall wrth gyflwyno'r gerdd hon i'r byd. Ond daeth yn bryd i ni droi at yr agwedd fwyaf poblogaidd ac arhosol ar weithgarwch barddol Iago Trichrug, sef ei emynau.

Yr Emynydd

Er nad oedd yn emynydd toreithiog, cydnabuwyd gwerth ei emynau gan ei gyfoedion yn ddi-ffws ac yn gymharol ddi-oed. Yng nghylchgronau'r 1820au y dechreuodd eu cyhoeddi, er y gallai rhai fod mewn cylchrediad cyn hynny. Erbyn 1832 roedd Morris Davies yn cynnwys saith ohonynt yn ei ddetholiad canonaidd, awdurdodedig, *Salmau a Hymnau*, 'trwy ganiatad ac annogaeth y brodyr yn eu cymdeithasiad chwarterol'. Mae'n ymuno â'r clwstwr o emynwyr cyfoes, Pedr Fardd, Edward Jones Maes-y-plwm, John Hughes Pontrobert, y bernid bod eu gwaith yn ychwanegiad dilys a chydnaws at emynyddiaeth chwyldroadol y ddeunawfed ganrif. (Rhaid nodi, fodd bynnag, na chafodd groeso mor dwymgalon yn *Casgliad o Hymnau*, casgliad Cymdeithasfa'r De, a hynny efallai oherwydd tyndra rhyngddo a rhai o arweinwyr y Methodistiaid yn y De.) Er nad yw'n crybwyll unrhyw ddylanwadau emynyddol penodol, roedd James Hughes yn naturiol yn gwbl gyfarwydd â'r corff o emynau a genid o Sul i Sul. Ar ben hynny mae'n rhaid bod iddo ran flaenllaw yn y gwaith o gasglu a golygu'r llyfr emynau a gyhoeddwyd yn 1816 at wasanaeth eglwysi Cymraeg y Methodistiaid Calfinaidd yn Wilderness Row, Deptford a Woolwich (*Pigion o Hymnau*). Erbyn 1820 nid camp fechan oedd llunio emyn amlwg fuddiol nad oedd yn suddo dan bwys hen drawiadau disgwyliedig. Gadewch i ni ddilyn hynt Iago Trichrug yr emynydd er ceisio deall ei nodweddion gwahaniaethol.

Hyd y gwyddys, fel cyfieithydd y dechreuodd yn y cylchgronau, ond cyfieithydd sicr ei gyffyrddiad a hyderus ei ganonau beirniadol. Crybwyllwyd eisoes ei gyfieithiad o emyn gan Joseph Hart, a phan gyhoeddodd 'Molwch Dduw, sy Frenin fry', ei 'Gymreigiad o Gathl Saesonaeg' yn 1821 (*Goleuad Cymru*, Rhagfyr 1821, 308-9), cyflwynodd atodiad yn cynnig ei farn ar rai o egwyddorion cyfieithu ac ysgrifennu geiriau i'w canu. Felly nid cyfieithu llythrennol oedd y nod, meddai, 'eithr gofelid am gadw y mesur, o ran rhif, a hyd y banau'. Anogir awduron i lunio geiriau ar gyfer tonau penodol, gan ddefnyddio 'geiriau priodol i wahanawl fânau y *dôn hono*, fal na byddo raid eu tori ac eu darniaw wrth ganu'. Yn y pwysleisiadau hyn mae Iago yn llefarydd i'w genhedlaeth ef o emynwyr, a'u hawydd i gywreinio'r emyn yn fydryddol ac i'w wneud yn fwy rheolaidd ganadwy. Roedd ei gyfaill Pedr Fardd, fel Iago, yn fardd cynganeddol ac yn gerddor (J. H. Morris, *Hanes Methodistiaeth Liverpool*, cyf. 1, 120-22). Mae'n siŵr i Iago fod wrthi ers blynyddoedd yn ceisio gwella ansawdd y ganiadaeth yn ei eglwys gartref, ac erbyn hyn roedd ganddo'r hyder i lefaru'n awdurdodol ar y pwnc, digon o hyder i dynnu sylw at feiau yng ngwaith dau o emynwyr mwyaf y Cymry. Anghymeradwyai'r arfer o beidio â chadw'r brif odl trwy odli 'sôn' ac 'Oen', er enghraifft, 'yr hyn sydd feïus a chwithig iawn, ac idd ei weled yn nghathlau melusion yr anfarwol William Williams'. Gwendid cyffredin arall, meddai, oedd tor-mesur, 'yn enwedig yn y mydr *wyth* a *saith*'. Heb ei henwi, at Ann Griffiths y cyfeiriai'n benodol: 'Canodd rhyw wraig dduwiol yn y gogledd Gathlau ardderchawg a sylweddawl iawn, ychydig flynyddoedd yn ol; ond y mae sill yn ormod mewn mwy na hanner y bànau, ac nis gellir eu canu yn hwylus ar un dôn yn y byd.' Bydd dillynder crefft a rhwyddineb ac addasrwydd rhythmig yn egwyddorion ganddo fel emynydd, felly, ac at ei gilydd mae'n canu'n gyson â'r egwyddorion hynny. Roedd yn gyfieithydd medrus, creadigol, yn enwedig o'i gymharu ag eraill a gyhoeddai gyfieithiadau yn y cylchgronau, yn aml yn ymateb i dasg a osodid yn y rhifyn blaenorol.

Yn 1823 cyhoeddodd emynau gwreiddiol yn y cylchgronau. Maent yn cynnwys un o'i emynau mawreddog, 'Teml yr Arglwydd yn y Nef', sy'n seiliedig ar Ddatguddiad 11:19. Fe'i cyhoeddwyd yn *Y Drysorfa* a hefyd fel taflen rydd ddiddyddiad a argraffwyd gan E. Delahoye yn Greenwich, nid nepell o Deptford. Mae'r agoriad yn dyfynnu'r Ysgrythur bron air am air: 'Ac agorwyd teml Dduw yn y nef, a gwelwyd arch ei gyfamod ef yn ei deml ef.' Fel hyn y'u mydryddir:

LLÊN Y LLENOR

Agorwyd teml yr Arglwydd yn y nef,
A gwelwyd arch ei lân gyfamod ef.

Unwaith eto yn unig y defnyddir berf yn yr amser gorffennol yn
yr emyn, hynny i gofnodi gwaith gorffenedig Crist, a dyma ergyd
yr agoriad hefyd, sef bod y deml nefol nad oedd yr un ddaearol
ond yn gysgod ohoni, wedi'i hagor i'r crediniwr gan Grist, a bod
iddo ryddid i syllu ar ei gogoniant hi am byth:

Holl ryfeddodau person Crist a'i waith
A welir yno i dragwyddoldeb maith.

Yn y presennol (gyda'r eithriad a nodwyd) y mae gweddill yr
emyn yn digwydd. Fel yr amlygwyd yn y pennill cyntaf, dathlu
archoffeiriadaeth dragwyddol gymeradwy ac effeithiol Crist ar
ran ei bobl yw amcan yr emyn, a chynnig cysur i'r crediniwr sy'n
llwythog gan euogrwydd a blinder. Er na chyhoeddir pwyslais
esboniadol yr emyn, 'Crist ydyw'r arch a'r drugareddfa rad', yn
uniongyrchol tan y pennill olaf, buasai'n eglur i'w gynulleidfa
gyfoes mai dyna'r trywydd. Nid oedd yn drywydd dieithr; mae
iddo ei seiliau ysgrythurol pendant, ac roedd Thomas Charles yn
ei *Eiriadur Ysgrythyrol* wedi traethu ar yr arch a'r drugareddfa
fel cysgod o Grist: 'Yr oedd yr arch yn gysgod neilltuol o'r
Arglwydd Iesu ... Fel y llechau yn gyfan yn yr arch, felly yr oedd
deddf Duw o fewn calon Crist; cadwodd hi yn berffaith-gwbl'; 'yr
oedd y drugareddfa yn gysgod nodedig o Grist, yr hwn a
guddiodd ein pechodau ni âg iawn, ac a ddioddefodd felldith y
gyfraith drosom, fel y gallai Duw edrych ar y gyfraith, trwy Grist,
fel wedi ei chyflawni drosom' (*Geiriadur Ysgrythyrol*, cyf. 2, 548).
I'r sawl a gafodd olwg felly ar burdeb y gyfraith ynghyd â'i anallu
ei hun i'w chadw, mae ystyried bod Crist wedi cyflawni'r gyfraith
bur yn achos myfyrdod a mawl 'melys':

Gogoniant Duw sydd yno'n ddysglaer iawn,
A'r gyfraith bur bob iot ohoni'n llawn.
Ond i bechadur, melus ydyw'r sain,
Fod trugareddfa'n gorwedd rhwng y rhain.

Torrwyd y trydydd pennill gan olygyddion yr ugeinfed ganrif. Yn
achos y Methodistiaid Calfinaidd roedd yno yn *Hymnau a*

Thonau yn 1897, ond yn annerbyniol, am resymau diwinyddol rhaid casglu, erbyn *Emynau a Thonau* 1927. Yr arswyd a'r dychryn a briodolid i gyfraith gyfiawn Duw oedd y maen tramgwydd, ond holl bwynt yr emynydd yw dathlu'r fuddugoliaeth sydd yn golygu na raid i'r crediniwr brofi'r dychryn hwnnw, gan ei fod, yng ngeiriau'r epistol at yr Hebreaid, yn dod bellach at fynydd Seion ac nid at Sinai:

> Mae'r tanllyd glêdd fu'n effro iawn cyn hyn,
> Taranau, a mellt ofnadwy Seinai fryn!
> Yn dawel nawr o fewn yr arch ddilyth,
> Y gair GORPHENWYD a'u tawelodd byth!

Wrth ymhyfrydu yng Nghrist fel cyflawnwr yr addewidion, gwir bortread yr hen drefn aberthol, gellir ei ddarlunio yn ei swyddogaeth offeiriadol dragwyddol trwy ddefnyddio'r darlun diriaethol o'r hyn a ddigwyddai yn y cysegr o dan yr hen oruchwyliaeth; mae hynny'n pwysleisio unoliaeth yr Ysgrythur ac yn rhoi i'r bardd ddelweddau gweladwy at ei bwrpas wrth ysgrifennu ar gyfer cynulleidfa gyfarwydd â'i Beibl:

> Mae'r Arch-offeiriad yn taenellu'r gwaed,
> Mewn gwisgoedd sanctaidd, llaesion hyd ei draed,
> O fewn y llèn, sancteiddiaf lys y nef,
> Ac enwau'r llwythau ar ei ddwyfron ef.

Rhyfeddu at y cymod rhwng nef a llawr a wneir yn y ddau bennill olaf, ac ymgysuro ynddo. Dim 'tanllyd gledd' na tharanau na mellt bellach, ond 'priodoliaethau'r nefoedd yn gytûn / yn gwenu ...' a 'hedd yn awr, o'r nef i'r llawr yn lli / A noddfa gref o fewn y nef i ni'. Ar y daflen a argraffwyd defnyddiwyd 'angor' ac nid 'noddfa', cyfeiriad at Hebreaid 6:19, cyfeiriad ysgrythurol mwy pwrpasol na noddfa, ond cyfyngach ei apêl a'i effaith o bosibl. O fewn y nef, yng ngeiriau adnod olaf Hebreaid 6, y mae y 'rhagflaenor ... sef Iesu, yr hwn a wnaethpwyd yn Archoffeiriad yn dragwyddol yn ôl urdd Melchisedec'. 'Yn enw hwn', meddai'r emynydd wrth gloi, 'anturiwn at y Tad', gan wybod i sicrwydd bod derbyniad tyner a thrugarog i ni ganddo:

LLÊN Y LLENOR

Fe wrendy gwyn pechadur, heb ei ladd,
Fe gymer blaid yr enaid isel radd.

Mae'n emyn llai addurnedig o ran arddull nag eraill gan Iago; sicrwydd tawel y dweud sydd amlycaf, hynny'n cael ei gyfleu gan y diweddebau acennog. Roedd ei fyfyrdodau'n troi ynghylch meysydd tebyg mewn dau emyn arall yn 1823. Pennill unigol oedd 'Archoffeiriad mawr' (*Goleuad Cymru*, Awst 1823, 187). Nid yw 'Calfaria ar gyfer Sinai' (*Goleuad Cymru*, Tachwedd 1823, 259) yn llwyr gyflawni addewid pennill cyntaf grymus ei fynegiant o sefyllfa pechadur wyneb yn wyneb â sancteiddrwydd Duw:

Mae'r Gair yn bur a'r ddeddf yn lan
A Duw ei Hun yn ysol dan;
A minnau'n euog ger ei fron,
Heb nodded ar y ddaear hon.

Yr enwocaf o emynau Iago yw 'Cyduned Seion lân' a gyhoeddwyd yn *Goleuad Cymru* yn Awst 1828. Dyma emyn a oroesodd trwy wahanol gasgliadau enwadol nes cyrraedd canon cyfoes *Caneuon Ffydd*. Mae'n emyn a ddefnyddiwyd yn aml fel galwad i addoli ar ddechrau oedfa. Ni pherthyn iddo ddim o orchest y canu carolaidd cynganeddol, ond distyllwyd prif elfennau y canu hwnnw, sef odlau cyrch a chytseinedd, yn y gerdd soniarus, esmwyth hon, heb fod yn gwbl gyson a rheolaidd, ond yn cryfhau'n arwyddocaol, sylwer, yn y pennill olaf:

Y rhai yn berffaith lân,
A beraidd gân i gyd;
I'r bendigedig unig Oen
Yn iach o boen y byd.

Y cryfder a amlygir yn yr emyn hwn yw'r gallu i gyflwyno gwirioneddau athrawiaethol mewn penillion cryno, hyfryd o gynnil, sy'n cynnwys eto osodiadau gwirebol, addysgiadol a chysurlon:

Fe'n carodd cyn ein bod,
A'i briod Fab a roes,
Yn ol amodau hen y llw,
I farw ar y groes!

. . .

Yn ei gyfiawnder pur dilyth,
Mae noddfa byth i ni.

Roedd tinc mwy personol brofiadol i un arall o emynau 1828, 'Deisyfiad y Credadyn' (*Goleuad Cymru*, Awst 1828, 467-8). Yn yr achos hwn gellir dyddio'r cyfansoddi yn bendant, gan i gyflwyniad yr awdur nodi mai 'newydd tanlli yw y pennillion canlynol nid oes lawer o oriau er pan y daethynt o'r bathfa'; dywedir 'eu bod yn cynnwys eidduniadau go brofiadol i bob gwir gristion, ac yn addas i bawb eu canu mewn ysbryd gweddi'. Ond prif amcan cyflwyniad yr emynydd yw rhoi gwers fydryddol arall i ysgrifenwyr emynau Cymraeg, yn benodol wrth ddefnyddio'r mesur 87.87 Dwbwl. Fel y gwelwyd gyda chyflwyniad tebyg cynharach, am fireinio a thacluso'r emynyddiaeth y mae Iago. Mae hyn yn ei gymell i fod yn or-ddeddfol wrth reswm, yn enwedig o osod ei sylwadau yng ngoleuni'r defnydd rhyddhaol, athrylithgar a wnaeth Williams Pantycelyn ac eraill o'r emyn. Ond mae'n dangos parch at grefft ac awydd i gymhennu'r canu cyhoeddus trwy wneud emynwyr cyfoes yn fwy effro i'r anghenion. Felly dylid cadw at nifer reolaidd o sillafau er sicrhau hwylustod y canwr (roedd ychwanegu sillafau yn fai cyffredin, meddai); roedd hefyd am weld y llinellau diacen (llinellau'n cynnwys y 'gorphwysfâoedd' yw ei derm ef) 1, 3, 5 a 7 yn 'cyfodli' yn ogystal â llinellau 2, 4, 6 ac 8. Cynigir yr emyn 'Deisyfiad y Credadyn' wedyn yn batrwm o sut y dylid canu ar y mesur, arwydd o'r hyder cyhoeddus a nodweddai ei ddatganiadau o dro i dro. Ac yn sicr, mae llithrigrwydd y canu a chywirdeb y deisyfiad yn esgor ar emyn gwerthfawr, ond un a ddaliodd ei dir yn hwy yng nghasgliadau enwadau'r Bedyddwyr a'r Annibynwyr nag yn netholiad safonol ei enwad ei hun. (Cynhwyswyd y ddau bennill cyntaf yn *Llawlyfr Moliant* y Bedyddwyr, a'r pennill cyntaf yn unig, a'i gydio wrth bennill gan Brutus, yn

Y Caniedydd.) Gellid deall hepgor y trydydd pennill ar gyfer caniadaeth gyhoeddus oherwydd ei gyfeiriadaeth ysgrythurol anghyffredin at gerbydau Amminadib, ond mae'r pennill olaf, gyda'i gyfres o ddeisyfiadau, yn glo cyfaddas i'r emyn:

> Gwnâ fi'n ffrwythlawn yn fy henaint,
> tirf, ac iraidd, gâd im' fod,
> Dàn y gwlith, a'r nefol ennaint,
> gwnâ i mi rodio er dy glod;
> O na âd im' ymgaledu,
> na diffrwytho yn dy dŷ,
> Trin fi, Arglwydd, nes addfedu
> f'enaid i'r ardaloedd fry.

Dyma un o bum emyn gan 'Iago' a gynhwyswyd mewn detholiad arall a gyhoeddwyd yn ystod ei oes, sef *Hymnau a salmau . . . wedi eu casglu ar ddymuniad ac at wasanaeth y Methodistiaid Calfinaidd yn Liverpool gan Richard Williams a Joseph Williams.* Yn 1840 yr ymddangosodd y casgliad; yr emynau eraill o'i waith oedd 'Cyduned Seion lân', 'Agorwyd teml yr Arglwydd yn y nef', 'Archoffeiriad mawr' (gyda phennill arall gan yr awdur, 'Priod mawr a phen yr eglwys', wedi'i ychwanegu fel ail bennill) ac 'Emyn y Coroniad'. Un arall o emynau 1828 oedd hwn, a bydd dyfynnu ei ddwy linell gyntaf yn ei gydio wrth y nodweddion ar emynyddiaeth Iago a nodwyd droeon eisoes: 'Clodforwch enw Mab Duw Iôn, / Angylion gwynion gwawr' (*Goleuad Cymru,* Ebrill 1828, 374). Yn 1840 hefyd y cyhoeddwyd *Y Salmydd Cymreig,* detholiad o salmau ac emynau dan olygyddiaeth Roger Edwards, un o arweinwyr ifainc brwd Methodistiaeth y Gogledd. Yn y casgliad hwn y cafwyd y gydnabyddiaeth haelaf i statws Iago fel emynydd ymhlith ei gyfoedion – pymtheg emyn i gyd, ond bod 'Cyduned Seion lân' wedi'i rannu'n ddau emyn gwahanol, a'r un modd 'O na byddai cariad Iesu'. Yno roedd un arall o'i emynau arhosol ei apêl, sef 'Mae enw'r Oen i bawb o'i saint / Fel ennaint tywalltedig'. (Newidiwyd y llinell gyntaf i'w ffurf fwy cyfarwydd, 'Mae enw'r Crist i bawb o'r saint', yng nghasgliad Morris Davies yn 1832.) Mae dau emyn a gyhoeddwyd mewn cylchgronau yn yr 1830au yn awgrymu mor anodd

oedd hi i wneud dim newydd â'r ffurf gydag argyhoeddiad; y
llwybr amlwg i un o ddoniau Iago oedd gwneud yr emyn yn fwy
ymwybodol lenyddol ei saernïaeth; dyna a welir yn 'Deisyfiadau
y Pererin' (*Y Drysorfa*, Awst 1831, 256) a 'Gorphenwyd'
(*Y Drysorfa*, Medi 1835, 286-7). Gwelir defnydd bwriadus o
ddyfais ailadrodd yn y ddau emyn, ailadrodd cystrawennol yn y
naill ac ailadrodd geiriol yn y llall. Cyfleu symudiad afrwydd ond
diwrthdro'r pererin tuag at ei gyrchfan a wneir yn 'Deisyfiadau y
Pererin'. Mae'r arddodiaid yn y llinellau cyntaf yn awgrymu
symudiad, a'r enwau'n cyfleu trafferthion a gofidiau'r anialwch.
Dyma'r pennill cyntaf a llinellau cyntaf y penillion sy'n dilyn,
ynghyd â'r pennill olaf yn llawn:

> O ddydd i ddydd, o awr i awr,
> 'Rwy'n nesu i'r trag'wyddolfyd mawr;
> Ac yno byddaf cyn bo hir –
> O am gael etifeddu'r gwir!
>
> O groes i groes, o don i don . . .
>
> O nerth i nerth, o daith i daith . . .
>
> O dorf i dorf, o gâd i gâd . . .
>
> O gur i gur, o loes i loes, . . .
>
> O fryn i fryn, o bant i bant,
> Hwn ydyw llwybr blin y plant;
> Daw diwedd ar fy lludded llawn –
> O am gael gorphwys tawel iawn.

Myfyrdod ar air olaf Crist ar y groes a geir yn 'Gorphenwyd',
ac ailadroddir y gair ar ddechrau'r deg pennill wrth i'r awdur
geisio cyfleu rhyfeddod gwerthfawrogol y credadun. Defnyddir yr
un mesur ag yn yr emyn blaenorol (y Mesur Hir), ond heb lawer
o arbenigrwydd yn y traethu.

Cyhoeddodd Iago emynau yn achlysurol, yn *Y Drysorfa* yn
bennaf, trwy'r 1830au a hyd at ei farwolaeth yn 1844. Mae ei
weithiau olaf yn ddadlennol o safbwynt bywgraffyddol-ysbrydol,
a cheir yn emynau'r tridegau ganu digon gloyw, yn enwedig pan
fo'r hen hoffterau carolaidd wrth y llyw, er na chafwyd dim yn eu

plith a oroesodd gyhyd ag emynau cynharach fel 'Agorwyd teml', 'Cyduned Seion lân' a 'Mae enw Crist i bawb o'r saint'. Ond yn ei emynau gorau gwelsom ddoniau barddol Iago a'i ddirnadaeth ysbrydol yn dod ynghyd i ychwanegu'n ystyrlon ac yn beraidd at gorff emynyddiaeth y Cymry.

IV

YR ESBONIWR

Roedd 'esboniwr' yn derm rhy aruchel i James Hughes ei arddel. Roedd yn well ganddo alw'i hun yn 'ddetholydd', er mwyn ei gwneud hi'n glir mai mynd i mewn i lafur eraill a wnâi, ac na pherthynai i'w waith unrhyw wreiddioldeb. Ond fel 'Jâms Hughes yr Esboniwr' y daeth miloedd o'i gydgenedl i feddwl amdano. Fel 'yr hen esboniwr adnabyddus' y cyfeiriai cofiannydd Thomas Jones o Ddinbych ato yn 1897 (Jonathan Jones, *Cofiant y Parch. Thomas Jones*, 347). Yr Esboniad oedd *magnum opus* James Hughes, y gwaith a brofodd fod gan y bardd a'r emynydd a'r ysgrifwr yr adnoddau a'r anian ddyfal i ddal ei law ar yr aradr am flynyddoedd meithion dan amgylchiadau caethiwus ac anffafriol. Bu wrth yr Esboniad am bymtheng mlynedd olaf ei fywyd, 1829-1844, ac er nas gorffennodd, cyflawnodd gamp i'w gosod ochr yn ochr ag anoethau mawr eraill ei gyfnod.

Wrth ymrwymo i lunio esboniad roedd yn ymuno ag un o brif ffrydiau'r byd cyhoeddi Cymraeg, ac un o'i feysydd twf. Bydd arolwg cryno o'r datblygiad yn darparu cyd-destun anhepgor ar gyfer llafur esboniadol Iago. Wrth wneud hynny byddwn yn elwa ar gyflwyniadau treiddgar R. Tudur Jones i'r maes ('Esbonio'r Testament Newydd yng Nghymru, 1860-1890'; darlith anghyhoeddedig). Y man cychwyn mwyaf ystyrlon yw'r hyn a elwir yn 'Beibl Peter Williams' a gyhoeddwyd yn rhannau rhwng 1768 a 1770. Crynodeb o gynnwys penodau'r Beibl ynghyd â sylwadau arnynt a gafwyd gan Peter Williams, 'Beibl Astudiaeth' felly, a defnyddio term diweddarach. O ran ei gymhelliad a'i ffynonellau mae Peter Williams yn gosod cynseiliau i'w olynwyr.

Cynorthwyo'r Cymry yn eu hanwybodaeth sy'n ei danio: 'Y mae mor angenrhaid (tebygaf) i'r Cymry wrth Agoriadau ar y Bibl, ag i'r Saeson; mae ein hanwybodaeth cymmaint a'r eiddynt hwythau a'n heneidiau yn gwbl mor werthfawr . . . gallaf yn hŷ ddywedyd, Mai cariad at fy nghenedl y Cymry, a gwîr ddymuniad am eu Hiachawdwriaeth, a'm cymhellodd i 'sgrifenu yr hyn a 'sgrifenais.' Cydnabu ei ddyled i esbonwyr eraill, gan enwi deg ohonynt, pob un yn esbonwyr Saesneg. Yn eu plith roedd dau o'r esbonwyr mwyaf poblogaidd a dylanwadol, Matthew Henry a Matthew Poole, gwŷr y byddai eu hesboniadau yn cael eu cyfieithu yn eu crynswth i'r Gymraeg.

Gellid dadlau nad esboniad yng ngwir ystyr y gair oedd Beibl Peter Williams, a bod esboniadaeth feiblaidd Gymraeg yn cymryd cam enfawr ymlaen gyda chyhoeddi esboniadau George Lewis (1763-1822) ar y Testament Newydd ddechrau'r bedwaredd ganrif ar bymtheg. Gŵr o Dre-lech yn Sir Gaerfyrddin oedd Lewis, a threuliodd ei oes weinidogaethol mewn eglwysi Annibynnol yn y Gogledd. (Â Llanuwchllyn y cysylltir ei enw yn anad yr un lle arall.) Roedd yn ddiarhebol o ddiwyd, yn hyddysg yn y Clasuron ac yn ddiwinydd praff. O ran cymwysterau ac addysg roedd mewn cae gwahanol i James Hughes ac amryw esbonwyr eraill. Cyhoeddodd y *Drych Ysgrythyrol* yn chwech o rannau rhwng 1797 a 1799; dyma'r gyfrol gyntaf o ddiwinyddiaeth gyfundrefnol wreiddiol yn y Gymraeg, ac roedd hi'n gyfrol a fawr brisid gan Fethodistiaid, a hynny rai blynyddoedd cyn cyhoeddi *Geiriadur Ysgrythyrol* Thomas Charles. Troes Lewis wedyn at waith mawr ei fywyd, sef esbonio'r Testament Newydd mewn cyfres o gyfrolau. Esboniwr ceidwadol sy'n egluro ysgrythur yng ngoleuni ysgrythur yw George Lewis; gall gyfeirio'n hyderus at y Groeg gwreiddiol a dengys ei ragymadroddion ehanged oedd ei ddarllen a'i ffynonellau. Mae'r hyn sydd gan R. Tudur Jones i'w ddweud am egwyddorion a dulliau esboniadol George Lewis yn wir hefyd am James Hughes ac esbonwyr cyn-fodernaidd eraill. Wrth sylwi ar ragymadrodd Lewis i gyfrol gyntaf ei esboniad a gyhoeddwyd yn 1802, y mae Tudur Jones yn dangos bod 'adeiladaeth' yn amcan canolog gan

Lewis. Nid ar gyfer y doeth a'r dysgedig y mae'n ysgrifennu, ond ar gyfer y werin. Llywodraethir ei esboniadaeth gan yr argyhoeddiad 'mai Gair Duw yw'r Beibl. Yr Ysbryd Glân yw ei awdur' ('Esbonio'r Testament Newydd', 165). Gair wedi ei ddatguddio ydyw, felly, a gair sy'n 'gwahodd ymateb ffydd'. Yng ngeiriau Lewis: 'Os ydyw'r ysgrythyrau wedi eu rhoddi trwy ddwyfol ysprydoliaeth, y mae'n canlyn, nad oes dim ond gwirionedd yn cael ei osod allan ynddynt.' A chan mai'r Ysbryd Glân yw awdur y Beibl, mae'n dilyn felly fod unoliaeth a chysondeb yn perthyn i'r datguddiad, a bod 'athrawiaethau gwaelodol Cristionogaeth yn pefrio trwy bob rhan o'r Beibl' (geiriau R. Tudur Jones, 'Esbonio'r Testament Newydd', 166-7). Pwynt arall a wneir yw nad rhywbeth oeraidd, academaidd yw ei waith esboniadol i Lewis; gall ymollwng i foli Duw, fel y gwna'r awduron ysgrythurol hwythau. Gwelir bod ymdriniaeth Tudur Jones ag esboniadaeth Lewis yn *apologia* angerddol ar ran rhagdybiau esboniadaeth efengylaidd. Pan ddywed nad 'oedd y fath beth [i George Lewis] â rheswm dynol cwbl niwtral' (165), mae'n mynegi ei argyhoeddiad ei hun, ac yn herio cynrychiolwyr beirniadaeth feiblaidd fodernaidd i wynebu eu rhagfarnau a'u rhagdybiau eu hunain.

Pe cyflawnid camp debyg i gyfrolau George Lewis mewn unrhyw faes llenyddol yng Nghymru'r unfed ganrif ar hugain, byddem oll yn gytûn na fyddai ddiben nac angen i neb arall fentro i'r maes arbennig hwnnw. Byddai'r gwaith 'wedi'i wneud', ac ni fyddai galw am ragor. Nid felly yr oedd hi o bell ffordd ar ddechrau'r bedwaredd ganrif ar bymtheg. Pam? Mae dau ateb syml: enwadaeth, ynghyd â'r galw am lenyddiaeth Gristnogol ar raddfa anodd bellach ei hamgyffred. O agor eich copi o *Seren Cymru* yn 1814, gwelech hysbyseb John Evans, yr argraffydd a'r llyfrwerthwr o Gaerfyrddin. Ymhlith y llyfrau a oedd ar werth ganddo yr oedd Beibl Peter Williams ac argraffiad arall o'r Beibl a oedd yn cynnwys nodiadau cyfieithedig John Canne; hysbysebai hefyd gyfrol gyntaf esboniad Dr Gill ar y Testament Newydd, gwaith a gyfieithwyd ar y cyd gan dri o weinidogion amlwg y Bedyddwyr, Christmas Evans, Titus Lewis a Joseph

Harris. Yn yr un hysbyseb roedd manylion am bedair cyfrol o esboniad George Lewis ac esboniad y Parch. Thomas Jones, Caerfyrddin ar bum llyfr Moses. Roedd hi'n amlwg bod gwŷr dylanwadol o fewn corff y Methodistiaid Calfinaidd yn gweld esboniad Thomas Jones fel sylfaen y gellid adeiladu cyfres o esboniadau ar y Beibl arni. (Aeth Jones ei hun yn ei flaen i lunio esboniadau ar Job, Caniad Solomon a'r Hebreaid.) John Parry, Caer, oedd yn gyrru'r fenter, ac fe ddechreuodd gyhoeddi ei esboniad ei hun ar lyfr Eseia yn 1827 (*Cofiant . . . John Parry*, 100-3). Cynllun nas cyflawnwyd ydoedd, am i Parry gymryd *Y Drysorfa* o dan ei adain yn 1831 yn ôl rhai, ond tebyg iawn bod ymddangosiad esboniadau neu Feiblau anodedig eraill yn tueddu i daflu dŵr oer ar ei frwdfrydedd. (Nid esboniwr 'gwreiddiol' oedd Parry ychwaith. Cymryd ei ddefnydd o esboniad Matthew Poole a wnâi yn bennaf.) Crybwyllwn ddau i gynrychioli nerth y symudiad. Cyhoeddwyd cyfrol gyntaf *Dehongliad ar y Bibl Sanctaidd* (Genesis–Esther) yn Abertawe ddiwedd 1828. Esboniad Matthew Henry ydoedd, wedi'i gyfieithu gan y Parch. Simon Llwyd, y Bala, y Parch. Michael Jones, Llanuwchllyn, Mr J. Llwyd, Meirion a'r Parch. E. Griffith, 'Browyr'. Mwy perthnasol i weithgarwch James Hughes oedd y *Bibl Teuluaidd* y dechreuwyd ei gyhoeddi ddechrau 1827 dan olygyddiaeth John Humphreys (1767-1829). Roedd Humphreys yn olygydd a chyhoeddwr profiadol; cyhoeddasai eisoes yn 1813 'Feibl Samuel Clarke' ac ymroes yn awr i gyhoeddi Beibl a gynhwysai nodiadau a sylwadau John Brown o Haddington, detholion o waith Matthew Henry, yn ogystal â nodiadau o 'natur Ieithyddol ac Eglurhaol allan o waith amryw o'r Awdwyr mwyaf enwog a dysgedig'. Mae tudalen flaen y rhannau a gyhoeddwyd yn cynnwys cyhoeddiad, 'Annogaeth i Ddechreu'r gwaith', wedi ei arwyddo gan ugain aelod o Gymdeithasfa'r Methodistiaid Calfinaidd yn y Gogledd. Yn eu plith y mae John Elias; Michael Roberts, Pwllheli; John Roberts, Llangwm; Henry Rees, Amwythig a James Hughes, Llundain (y ddau olaf o dan yr is-bennawd, 'Trefydd Lloegr'). Gwyddai James Hughes am y gwaith hwn, felly, ac am y parch a'r enw da oedd i Humphreys fel

'cyfansoddydd a chyfieithydd', chwedl geiriad yr 'am
Roedd diwyg y gwaith yn drawiadol a deniadol. Rhe......
tudalen (maint tebyg i A4) yn ddwy golofn ac yn bedair rhan. Yn
y rhan uchaf roedd y testun mewn llythyren eglur iawn i'w
darllen, a chyfeiriadau croesgyfeiriol at rannau eraill o'r Beibl
wrth ochr y ddwy golofn. Isod, yn rhannau ar wahân, eaed
'adfyfyriadau' Brown ar y penodau, sylwadau Henry a nodiadau
testunol ychwanegol.

Yng ngoleuni'r hyn a wyddom am yr holl lafur esboniadol hwn,
ac yn arbennig o gofio bod dau gynllun uchelgeisiol ac
awdurdodedig ar waith o fewn ei enwad ei hun, rhaid gofyn pam
yr aeth James Hughes i'r afael ag esboniad arall eto fyth. Ateb:
am fod rhywun wedi gofyn iddo, ac am fod arno angen yr arian a
gynigid iddo am ei waith. Tyfodd yr hanes am y modd yr
ymgymerodd â'r gwaith yn rhan o lên gwerin ei enwad. Evan
Lloyd, argraffydd ifanc o Sir y Fflint, oedd wrth wraidd pethau.
Gwnaeth anwybodaeth enbyd y disgyblion, a diffyg medr yr
athrawon a'u holai mewn ysgol Sul yn ardal Wrecsam, argraff
fawr arno, a phenderfynodd ei fod am gomisiynu a chyhoeddi
esboniad a fyddai'n hylaw ac yn addas ar gyfer dosbarthiadau'r
ysgolion Sul yn fwyaf arbennig. Cymeradwywyd enw gweinidog
Jewin iddo, nid o reidrwydd yn ddewis cyntaf, ac aeth i Lundain
yn un swydd i'w weld. Bu'r cyrch yn llwyddiannus, yn un peth,
mae'n bur sicr, am i'r cyhoeddwr gynnig telerau deniadol (£5 y
rhan) i bregethwr na fu ar unrhyw adeg yn rhy gysurus ei
amgylchiadau ariannol. Arwydd diymwad o hynny yw mai'r un
rhwystr mawr a'i hwynebai oedd diffyg llyfrgell ddigonol ar gyfer
y gwaith, sefyllfa sy'n peri i ni ofyn sut y daeth i ben â'i waith fel
pregethwr. Cadwyd nodyn o'i eiddo yn cydnabod ei fod wedi
benthyg un o'r esboniadau Saesneg a oedd yn ffynhonnell i'w
Esboniad gan wraig o'r enw Mrs Jones o Crane Court, Fleet
Street, 'and to be returned to the above owner on demand'
(Llawysgrif Bangor Ashby, 57). Yn 1837 y bu hyn, wyth mlynedd
ar ôl dechrau'r gwaith. Wedi codi'r trywydd hwnnw, ceisiwn ei
ddilyn ymhellach a chloriannu cymhwyster James Hughes at y
gwaith mawr a oedd o'i flaen.

LLÊN Y LLENOR

Nid ar fympwy y'i cymeradwywyd gan rywun i Evan Lloyd, ac ni ddeuai at y gwaith yn ddi-arf nac yn ddibaratoad. Ei brif gymhwyster oedd blynyddoedd o baratoi a chaboli pregethau, a'r astudiaeth ddwys a olygai hynny iddo, wrth geisio deall ystyr testun a'i gymhwyso'n athrawiaethol ac yn ymarferol i'w gynulleidfa. Er nad ydym yn ceisio cloriannu doniau pregethwrol James Hughes yn yr astudiaeth hon, mae'n briodol i ni gynnwys enghraifft o drefn a chynnwys ei bregethau yn y fan hon. Yn 1835 cyhoeddwyd 'sylwedd pregeth' a draddodasai yng nghapel Bedford St., Lerpwl, yn 1828 (*Y Pregethwr*, Ebrill 1835, 52-6). Ioan 16:8, 'A phan ddêl, efe a argyhoedda y byd o bechod', oedd y testun. Dilynir y patrwm cyffredin o wneud sylwadau rhag-arweiniol cyd-destunol ac esboniadol cyn dod at bennau'r bregeth. Rhannai'r testun wedyn yn dri phen: '(I) y person y sonir am dano (II) ei ddyfodiad (III) y gwaith a briodolir iddo yn y geiriau.' Rhennir y pen cyntaf yn ddau is-bennawd, ac wrth drafod yr ail is-bennawd ceir pedwar pennawd pellach wrth iddo esbonio gwaith yr Ysbryd Glân. Esbonio ystyr ac arwyddocâd y cymal 'pan ddêl' a wneir o dan yr ail ben, gan egluro ym mha ffordd y mae'n ystyrlon i sôn am ddyfodiad Un sy'n holl-bresennol: 'Wrth ei ddyfodiad yr ydym i ddeall ei ddyfodiad o ran ei oruchwyliaethau a'i ddylanwadau bywiol a sancteiddiol. Yr oedd yn yr eglwys erioed, . . . ond y mae'n cael ei dywallt yn fwy helaeth rai gweithiau na'u gilydd.' Mae'r trydydd pen eto'n ymrannu'n is-benawdau. Wedi nodi angen y byd am argyhoedd-iad, ac addasrwydd yr Ysbryd Glân ar gyfer hynny, gofynnir 'Pa fodd y mae yn argyhoeddi?', ac atebir mewn chwe pharagraff sy'n agor fel hyn: 'yn eglur'; 'yn bersonol at y dyn'; 'yn ddidderbyn wyneb'; 'yn ddwfn iawn'; 'yn ddychrynadwy iawn'; 'yn obeithiol er y cwbl'. Cyflwynir tystiolaeth ysgrythurol ar gyfer pob cymal. Mae'n cloi'r bregeth gyda dau gymhwysiad, yn nodi angen mawr y byd ond yn tynnu sylw at beryglon ysbrydol o fewn yr eglwys yn ogystal.

Un o olygyddion *Y Pregethwr* oedd John Roberts (Minimus), ac wrth ysgrifennu ato yn 1836, dyma oedd anogaeth James Hughes (y llythyrwr piau'r tanlinellu): '<u>Poenwch</u>, anwyl frawd,

80

yn y gair a'r athrawiaeth; <u>ymdrechwch</u> ddëall, a rhoi ar ddëall i eraill, feddwl yr ysgrythyrau y llefaroch arnynt; <u>treiddiwch</u>, a'ch holl <u>egni</u> i ddyfnion bethau Duw, defnyddiwch bob cymorth awdwyr i'r pethau uchod, ond nid heb eich llafur myfyriol eich hun' (LLGC, AMC, Coleg y Bala 1: 630). Deall, a rhoi ar ddeall i eraill, defnyddio'r ffynonellau, ond nid ar draul myfyrdod annibynnol; dyma grynhoi'r egwyddorion esboniadol y bu'n eu harfer ers saith mlynedd erbyn 1836. Cyn dechrau'r Esboniad, rhoddasai ambell awgrym eisoes yn y cylchgronau o'i awydd i ddefnyddio'r cyfrwng ysgrifenedig fel rhan o'i weinidogaeth; pwt o gyfieithiad, 'Llwyddiant Ysbrydol', o ddarn o *Buck's Theological Dictionary* (*Seren Gomer,* Mehefin 1820), cyfieithiad o ddarn o lythyr gan John Newton o'r *Christian Guardian* (*Goleuad Gwynedd,* Mehefin 1822, 444), crynodeb o un o'i bregethau, 'Mawredd a Chwymp Samson' (*Goleuad Gwynedd,* Awst 1822, 490-1). Ond caed y datganiad amlycaf o'i gymhellion yn ei ragair i'w gyfieithiad o bamffled yr awdur Piwritanaidd enwog Thomas Watson ar Swper yr Arglwydd (*Y Swpper Santaidd, neu, Ddirgelwch Swpper yr Arglwydd wedi ei egluro yn fyr,* 1824). Gofidiai am anwybodaeth llawer o'r Cymry am wir arwyddocâd yr ordinhad, meddai, ac am ddiffyg llenyddiaeth bwrpasol ar y pwnc i'w goleuo. Ceisiodd ei gymhwyso'i hunan i weini wrth y bwrdd trwy ddarllen mor eang ag y medrai: 'darllenais bob llyfr a fedrwn gael ar y matter; a phan ddarllenais waith y Parch. T. Watson, cefais gymmaint o hyfrydwch i'm henaid fy hun ynddo, fel y tybiais os gallwn ei gyfieithu i'r Gymräeg, a'i gyhoeddi, y gallai fod o lês mawr i fy mrodyr a'm chwiorydd crefyddol o bob enw.' I'r perwyl hwnnw ceisodd lunio cyfieithiad 'mor rhwydd a naturiol ag y gallaswn i ei wneyd'.

Wrth ofyn pam yr aeth James Hughes i'r afael â'i Esboniad, rhoddasom atebion sinigaidd braidd – amgylchiadau ac arian. Mae'n sicr ei fod hefyd yn falch iawn o'r cynnig, ac yn teimlo hwyrach ei bod hi'n hen bryd iddo ymestyn i ymarfer ei ddoniau ar gynfas ehangach o dipyn. Yn 1826 dangosasai ei barodrwydd i ateb ymholiadau ar faterion ysgrythurol ac esboniadol ar dudalennau *Goleuad Cymru* (Mai 1826, 394-5; Mehefin 1826,

414-15). Yn gymysg â'i duedd at lyfrdra a theimladau o annheilyngdod ymddiheurol roedd hyder gwaelodol yn ei ddoniau, a theimlad nad oeddent yn cael eu defnyddio na'u gwerthfawrogi'n llawn. Cyfeiriwyd eisoes at rwystredigaethau'r drefn weinidogaethol y gweithiai o'i mewn. Yn 1829 y cyhoeddwyd rhan gyntaf ei Esboniad, yn cynnwys y testun a nodiadau. Parhawyd i'w gyhoeddi yn rhannau 72 tudalen, ac yna eu crynhoi ynghyd yn ddwy gyfrol ar y Testament Newydd yn 1835. Defnyddiwyd tudalen lai na'r cyffredin mewn cyhoeddiadau o'r fath, tua 19cm wrth 12cm, maint llai nag A5. Gwnâi hyn y cyhoeddiad yn un hwylus i'w gario a'i ddefnyddio. Yr union eiriad a roddwyd ar y gyfrol gyntaf (Mathew – Actau) yn 1835 oedd *Y Testament Newydd, gyda Nodau Eglurhaol Ar bob Adnod; WEDI EU DETHOLI A'U CYFIEITHU I'R GYMRAEG gan y Parch James Hughes, Gweinidog yr Efengyl yn Llundain Allan o waith Poole, Scott, Guyse a Doddridge y'nghyd A holl Nodau Cyfeiriol y dywededig Barch T. Scott.* Pan luniodd ragymadrodd i'r gyfrol gyntaf yn 1835, estynnodd yr awdur am y cywair ymddiheurol, amddiffynnol, cyfarwydd:

> Pan ddaeth y doethion o'r dwyrain i ymofyn am Grist, Brenin yr Iuddewon, hwy a aethant i Jerusalem, at benaethiaid a blaenoriaid y bobl; ond pan ddaeth yr angelion i fynegi ei enedigaeth ef, hwy a aethant at y bugeiliaid tlodion ym maesydd Bethlehem: ac yn debyg iddynt hwy, y bu ac y mae dyfodiad y gwaith bychan a dïymhonawl hwn. I blant tlodion, ac athrawon uniaith, ysgolion Sabbathawl ein gwlad y bwriadwyd ef ar y cyntaf; ac nid i uchel raddau mewn dysgeidiaeth ac ieithoedd, y rhai a ddarllenant ac a ddëallant awduron dysgedig yn y Saesoneg ac ieithoedd eraill.

Gwelir iddo ddefnyddio pedair prif ffynhonnell: (i) Matthew Poole, *Annotations upon the Holy Bible*, a gyhoeddwyd yn wreiddiol yn ddwy gyfrol, 1683-5; dyma esboniad a barhaodd yn ei fri drwy'r bedwaredd ganrif ar bymtheg, ac a ddefnyddiwyd yn helaeth eto ar ddiwedd yr ugeinfed ganrif ar ôl ei ailargraffu gan wasg efengylaidd Banner of Truth yn 1963 a 1973. (ii) Esboniad Thomas Scott (1747-1821) ar y Beibl, a gyhoeddwyd yn wreiddiol yn 174 rhifyn wythnosol rhwng 1788 a 1792; crynhowyd dull esboniadol Scott fel hyn: 'Scott eschewed external reference, preferring by collation and cross-reference to make scripture an exhaustive commentator on itself' (*The Blackwell Dictionary of Evangelical Biography*, cyf. 1, 314). (iii) John Guyse (1680-1761), *An Exposition of the New Testament in the Form of a Paraphrase*, a gyhoeddwyd yn wreiddiol yn dair cyfrol rhwng 1739 a 1752. (iv) Philip Doddridge, *The Family Expositor*, a gyhoeddwyd yn bum cyfrol rhwng 1738 a 1756.

Daethai'n amlwg, meddai'r rhagymadroddwr, fod y cynllun gwreiddiol y cytunwyd arno yn rhy gyfyngedig o lawer, ac yn ei orfodi i gywasgu gormod ar ei sylwadau, ac fe benderfynwyd ehangu'r gwaith ar anogaeth 'rhai brodyr parchus ac enwog'. Gofynnir i'r darllenydd ystyried nad peth hawdd oedd dewis o waith pedwar awdur a thalfyrru eu sylwadau, a chawn gip ar ddirnadaeth James Hughes wrth iddo ddweud beth oedd ei amcanion yn y gwaith: 'nid hawdd iawn hefyd oedd cyssylltu darnau o'r naill ac o'r llall, a'u gosod ger bron y Cymro fel un ymadrodd cyfan, trefnus a llithrig.' O ran athrawiaeth, hyderir ei fod yn iach, gan iddo gadw mor agos at ei ffynonellau, 'ac hyd yn nôd eu *geiriau* wedi eu cadw yn gydwybodol'. O safbwynt cywair ieithyddol, bod 'yn ddealladwy i bawb' oedd y nod, 'heb fod yn rhŷ uchel a choegaidd ar y naill law, nac yn rhŷ wael a difoes ar y llaw arall'. Dywed James Hughes mai un o'r pethau a'i sbardunai i ddwyn y gwaith i ben oedd fod cynifer o ieuenctid ei wlad enedigol yn awyddus am wybodaeth ysgrythurol: 'I'r dyben o'u cynnorthwyo mewn rhyw fesur bychan yn hyny, y llafuriodd efe yn wyneb llawer o waeledd corph, anhawsderau allanol, a mynych iselder meddwl.'

Weithiau y bydd James Hughes yn cyfeirio at yr esbonwyr Saesneg wrth eu henwau. Byddai eu crybwyll yn gyson yn tarfu ar yr 'ymadrodd cyfan, trefnus a llithrig' y dymunai ei gynhyrchu. Wrth drafod Datguddiad 22:17 mae'n nodi anghytundeb esboniadol rhwng Scott a Doddridge ar y naill law, a Poole a Guyse ar y llaw arall, cyn ychwanegu, 'Pwy sydd iawn nis gŵyr y detholydd'. Ceir enghreifftiau ohono hefyd yn ychwanegu sylwadau ar sail ei brofiadau bugeiliol ei hun, ac yn cymhwyso sylwadau yn benodol ar gyfer ei gynulleidfa Gymraeg. 'Pa nifer o grefyddwyr o'r fath hyn sydd yn ein plith ninnau!', meddai wrth drafod y gorchymyn yn Iago 1:22 i fod yn wneuthurwyr y gair, 'gwrando llawer, ac heb wneuthur dim'. Wrth drafod y cymal 'cariad a guddia lïaws o bechodau' (1 Pedr 4:8), pwysleisir nad cuddio pleidiol, fel y bydd rhai yn cuddio beiau eu cyfeillion, yw hyn. 'Gwelsom lawer o'r cuddio beïus hwnnw, a gwelsom y niwed mawr o hóno wedi hyny.' Ceir enghraifft o gyflwyno'r cyd-destun Cymreig wrth iddo drafod cymal cyntaf Iago 5:16, 'Cyffeswch eich camweddau bawb i'ch gilydd'. Wedi dilyn yr esbonwyr yn diffinio'r gwahaniaeth rhwng y cydgyffesu hwn a'r drefn Babyddol o gyffesu i offeiriad, mae'n dwyn sylw'r darllenwyr at arfer y seiat brofiad: 'Peth cyffelyb ydyw i gyfarfodydd profiad rhai cristionogion yn Nghymru: neu, yn hytrach, yn ol y cyngor uchod y mae y cyfarfodydd brawdol hyny; neu, o leiaf, felly y dylent fod.'

Aeth ati wedyn i wneud gwaith cyffelyb ar yr Hen Destament. Roedd y rhifynnau 72 tudalen yn gwerthu am swllt. Ar y rhannau unigol cyhoeddwyd bod yr esboniwr wedi defnyddio'r holl brif esbonwyr 'hen a diweddar' er mwyn gwneud y gwaith 'y mwyaf cyflawn yn yr iaith', ac ychwanegwyd ei fod yn 'gyfoethog o sylwadau athrawiaethol, beirniadol, ymarferol a phrofiadol'. Un o'r esbonwyr a ddefnyddiodd yn awr oedd John Gill (1697-1771), awdur *Exposition of the Holy Scriptures*. Gorffennodd Gill ei esboniad chwe chyfrol ar yr Hen Destament yn 1766. Gwerthid rhannau Esboniad James Hughes ar gyfer eu rhwymo'n ddiweddarach, gan ddechrau a gorffen ar ganol adnod os oedd raid. Daeth y gyfrol gyntaf (Genesis – Lefiticus) o'r wasg yn 1838, yr ail (Numeri – 1 Samuel) yn 1840, y drydedd (2 Samuel – Job) yn 1842, a'r olaf yn ystod oes James Hughes yn 1843. Bu farw pan oedd wrthi yn gweithio yn Llyfr Jeremeia, a gorffennwyd yr Esboniad gan ei hen gyfaill John Jones, Castle St., Lerpwl, gan gyhoeddi'r gyfrol olaf yn 1848 (E. Wyn James, 'Pedr Fardd a'i Argraffwyr'; D. E. Jenkins, 'Esboniad James Hughes'). Mynnai yn ei ragymadrodd i'r gyfrol gyntaf ar yr Hen Destament yn 1838 iddo boeni am anwybodaeth pobl ifainc ynghylch arwyddocâd yr Hen Destament, perthynas y cysgodau â'u sylwedd yn yr efengyl. Ond rhagymadrodd hyderus ydyw gan un a galonogwyd gan 'y derbyniad rhagorol a gafodd yr agoriad ar y Testament Newydd, . . . y defnydd mawr a chyffredin a wneir o hóno, yr hyfrydwch mawr a geir ynddo . . .'

Edrychwn ar enghraifft o'i esboniadaeth aeddfed, a chymryd testun cyfarwydd sef Salm 23. Dyma'r nodiadau yn llawn. (Byddai'n cynnwys y testun llawn yn y gwreiddiol ynghyd ag arwyddion i gyfeirio at gymalau arbennig):

1. Tybir mai yr Arglwydd Iesu a feddyliai Dafydd wrth ei Fugail yn y fàn hon; a chan fod Crist yn fugail iddo, yr oedd yn bur hyderus nâ byddai arno eisiau dim daioni, yn dymmorol nac yn ysbrydol. Yn y Salm o'r blaen dangosodd Dafydd y Bugail da yn rhoddi ei einioes dros y defaid, ac yn cymmeryd eu gofal bugeilaidd hwy ar ol ei adgyfodiad a'i esgyniad; yn y Salm hon dengys ddiogelwch a dedwyddwch y defaid, dan ofal y Bugail da hwnw. JEHOFAH yw y gair gwreiddiol am ARGLWYDD yn yr adnod hon, ac mae yr enw anghyfranogol hwnw yn briodol i Grist y Bugail da, fel y Person Dwyfol yn y TRI-YN-UN.

2. Sef gorphwys mewn digonolrwydd llawn, o bob ymborth ysbrydol, fel y gwnâ y bugail i'w braidd orwedd mewn porfeydd gwelltog a breision. Ei dywys i foddion gras, ac i fwynâd o ddiddanwch yr Ysbryd Glân yn y moddion hyny, (gwel Isa. 44.3; Ioan 7.38,39,) fel y tywysai bugail ei braidd ger llaw y dyfroedd tawel, ar hin boeth yn y gwledydd poethion hyny. Bendithion ac ymgeledd ysbrydol a feddylir, wrth y porfêydd a'r dyfroedd, ond rhaid i ni beidio helaethu arnynt.

3. Yr oedd Crist yn dychwel ei enaid ef, pan gyfeiliornai fel dafad wedi colli, (Salm 119.176) fel y dychwelai bugail un o'i ddefaid a aethai ar gyfeiliorn: neu adnewyddu ac adfywio ei enaid, o iselder a gwywdra ysbrydol; neu feddyginiaethu ac iachâu ei enaid, o afiechyd ysbrydol; fel y gwnâi bugail â'i ddefaid, yn ol y byddai gwahanol achosion yn gofyn. Yr oedd Dafydd wedi bod yn fugail, gwyddai beth oedd gan fugail i'w wneyd, ac yr oedd hyny yn fantais iddo wrth gyfansoddi y Salm hon. Ar hyd y llwybr i gael cyfiawnder cyfrifol, a chyfiawnder egwyddorol, ac ar hyd llwybrau pob cyfiawnder ymarferol: ac arweiniai y Bugail ef felly er mwyn ei enw ei hun, nid er mwyn dim teilyngdod oedd yn Dafydd; ac er mwyn anrhydedd ei enw, ei ras, a'i air hefyd, yn rhodiad sanctaidd ac ymarweddiad cyfiawn ei was, trwy gael ei arwain felly.

LLÊN Y LLENOR

4. Rhwng y rhai hyny o'r praidd sydd ar y ddaear, â'r rhai sydd wedi
   myned adref i'r nef, mae marwolaeth yn gorwedd, fel glŷn dwfn,
   du a thywyll; yr hwn mae yn rhaid i bawb fyned ar hyd-ddo a
   thrwyddo, yn eu ffordd o'r byd hwn i'r nef; ond ni chaiff y duwiol
   ddim niwed yn y glŷn hwn, ac nid rhaid iddo ei ofni, mwy nac yr
   ofnai Dafydd ef y pryd hwn. Efallai bod yma gyferbyniaeth, rhwng
   glyn cysgod angau â glŷn y porfêydd gwelltog, gerllaw y dyfroedd
   tawel, yn adn.2: dyn gwan fel dafad yn nglŷn cysgod angau, ac heb
   ofni niwed *yno*, a ddengys ffydd gref yn ngofal, nerth, a
   ffyddlondeb y Bugail; a hyny oedd hyder Dafydd, fel y dengys eto.
   Yr oedd y Bugail gyda Dafydd y pryd hwn, a chredai y byddai
   gydag ef yn nglŷn cysgod angau; yr oedd ef wedi myned trwyddo
   ei hun fel Blaenor ei bobl, wedi tŷnu colyn angau a phob niwed
   oedd yn y glŷn i'w bobl; ac yr un peth oedd iddo ef gadw Dafydd
   yn y glŷn hwnw, a'i gadw ef yn y porfêydd gwelltog, gerllaw y
   dyfroedd tawel. Yr oedd gwialen nerth a gallu y Bugail (Salm
   110.2) i amddiffyn Dafydd rhag ymosodiadau ei elynion ysbrydol
   yn nglŷn cysgod angau; a ffon ei addewidion a chynnaliad ei
   Ysbryd, i'w nerthu ef yn ei enaid yn y glyn tywyll hwnw; ac fel hyn
   efe a âi trwyddo yn ddiogel ac yn gysurus. Efallai bod yma
   gyfeiriad at wialen a ffon bugail, gwïalen i ddidol a rhifo ei
   ddefaid, (gwel Lefit. 27.32: Ezec. 20.37) a ffon a bâch ar ei phen, i
   dŷnu y defaid allan o ddyrysni gerfydd eu cyrn: rhywbeth felly yw
   y ffon a'r bach sydd gan ein hesgobion ni, i arwyddo mai
   bugeiliaid ysbrydol ydynt; ac O na byddent felly oll mewn
   gwirionedd!
5. Yma rhoddir heibio y gymhariaeth o Fugail a phraidd, a sonia
   Dafydd am wledda fel cyfaill neu blentyn ar ford ei Arglwydd a'i
   Dad nefol. Arwydda y geiriau ddarpariaeth ddigonol o bob peth,
   yn dymmorol ac ysbrydol iddo ef, a hyny yn ngŵydd ei holl
   wrthwynebwyr, Satan a phawb eraill; heb iddynt hwy allu
   lluddias iddo ef gael a mwynâu y pethau a ddarparai Duw iddo.
   Ag olew llawenydd, a doniau a diddanwch yr Ysbryd Glân: arferid
   eneinio penau y gwahoddedigion mewn gwleddoedd gynt, (Luc
   7.46,) a chyfeiriad at hyny sydd yn y fan hon. Phïol
   iachawdwriaeth a'i gorfoledd, mewn cyfeiriad at gwpan y gwin yn
   y gwleddoedd.
6. Oddi ar brofiad blaenorol o ddaioni Duw, ac mewn ffydd i'w
   ffyddlondeb ef yn ei addewidion, credai Dafydd yn gadarn a
   dïysgog y byddai i ddaioni a thrugaredd yr Arglwydd yn mhob
   peth ysbrydol a thymmorol, ei ganlyn ef holl ddyddiau ei fywyd,
   ac hyd nod yn nglŷn cysgod angau. Yn y mwynâd o'r daioni

trugarog a pharâus hyny, bwriadai yntau yn benderfynol i
breswylio yn nhŷ yr Arglwydd tra byddai byw, i'w addoli a'i
wasanaethu ef yma; a gobeithiai yn hyderus gael preswylio yn ei
dŷ ef yn dragywydd yn y nef.

Gwelir yma esbonio cyfeiriad a chyd-destun; cyfeirio rhyng-
destunol at rannau eraill o'r Ysgrythur; olrhain datblygiad
meddwl y salmydd trwy wahanol ddarluniau; gallu i grynhoi'n
eglur ystyr ac arwyddocâd y testun, ynghyd â chyffyrddiad mwy
ffraeth wrth grybwyll yr esgobion. Dyma'r deunydd y porai
athrawon ysgol Sul ynddo ac yna ei rannu â'u dosbarthiadau.
Hawdd fyddai rhamantu a gorbrisio dylanwad crefyddol a
diwylliannol yr Esboniad, ond mae perygl i ni danbrisio'r
ffenomen hefyd; wedi'r cyfan, roedd miloedd o Gymry bob
wythnos yn dod at ei gilydd i esbonio testun yn ystyriol, yn
drylwyr a than gyfarwyddyd.

Tybiwyd ar gam mai Roger Edwards a orffennodd yr
Esboniad, ond arall fu ei gyfraniad sylweddol ef i'w lwyddiant. Ef
a fu'n gyfrifol am drefnu ail argraffiad o'r Esboniad ar yr Hen
Destament. Fe'i hargraffodd ar dudalen fwy, ychwanegodd
gyflwyniadau i lyfrau'r Beibl ac ychwanegu nodiadau esboniadol
ychwanegol ar ddiwedd y penodau. Golygodd rywfaint hefyd ar y
nodiadau gwreiddiol. Cadarnhaodd yr argraffiad hwn safle
poblogaidd, eang ei ddefnydd i'r Esboniad, a dyma'r argraffiadau
a welid yn gyffredin mewn siopau llyfrau ail law yn y cyfnod
diweddar. Wrth drafod y derbyniad a gafodd y gwaith, gallai J. E.
Davies dynnu ar dystiolaeth am werthiant o wyth mil o'r
argraffiad cyntaf o'r esboniad ar y Testament Newydd.
Dyfynnodd hefyd o eiriau caredig y pregethwyr amlwg a roddodd
gefnogaeth i argraffiad newydd Roger Edwards (*James Hughes*,
194-9). O blith y rhain y trymaf ei ddysg oedd Lewis Edwards,
prifathro Coleg y Bala. Mae sylw Lewis Edwards yn ddadlennol,
sef bod James Hughes yn rhywun 'y gellwch ymddiried yn ei
chwaeth a'i farn'; roedd ei ddirnadaeth ysbrydol a'i graffter
pwyllog wrth drafod testun yn golygu bod aelodau cenhedlaeth
fwy ffurfiol ei dysg yn gallu parhau i'w arddel i raddau helaeth.
Edrydd J. E. Davies hanes a gafodd am weinidog o'r De yn treulio

LLÊN Y LLENOR

Sabath yn y Bala ar aelwyd Dr Lewis Edwards, ac yn gwrthod cynnig gan Mrs Edwards i fenthyg esboniad i fynd gydag ef i'r ysgol Sul yn y prynhawn. ' "Oh," meddai Mrs Edwards, "bydd y Doctor bob amser yn cymeryd Esboniad JAMES HUGHES gydag ef" ' (James Hughes, 200). Rhydd yr hanesyn hwn gip i ni hefyd ar y defnydd a wnaed o'r Esboniad yn yr ysgolion Sul, wrth i blant ac oedolion ddefnyddio ei gyfarwyddyd wrth astudio'r Beibl. 'Pwy yn Nghymru nad yw yn gwybod am y Parch. James Hughes yr esboniwr? Y mae ei enw yn air teuluol yn nheuluoedd y Methodistiaid', meddai W. Samlet Williams yn 1899 (Cofiant y Parch. Hopkin Bevan, Llangyfelach, 60). Tri llyfr oedd gan James Humphreys, yr hen löwr duwiol yn 'Cymeriadau Methodistaidd' Daniel Owen, sef 'Y Bibl, Esboniad James Hughes a Geiriadur Charles' (Offrymau Neillduaeth, 120). Ond mae cyfeiriad arall at y pregethwr enwog Edward Matthews, Ewenni (1813-1892) yn defnyddio gwaith James Hughes yn awgrymu safbwyntiau amrywiol ynghylch ei werth: 'Mynegai gŵr o weinidog syndod pan gafodd ef yn darllen Esboniad James Hughes. "Fydda i, gwelwch chi," meddai yntau, "byth yn gorffen pregeth heb ddarllen popeth sy gennyf ar y mater, ac yr wyf yn darllen James Hughes bob amser, a chael weithiau ynddo beth na chefais yn neb arall" ' (J. J. Morgan, Cofiant Edward Matthews, 246). Ni ddyddir yr ymgom, ond gellid tybio mai agwedd cenhedlaeth iau at waith a ystyrid yn anfeirniadol a henffasiwn a geir yma. Newidiodd esboniadaeth feiblaidd Gymraeg ei phwyslais a'i hamcan yn raddol yn ystod y bedwaredd ganrif ar bymtheg. Ym mlwyddyn marw James Hughes, 1844, y cyhoeddodd Lewis Edwards ei gylchgrawn byrhoedlog Yr Esboniwr, ac er nad yw ei gynnwys yn mynd yn groes i'r hen esboniadaeth, diau ei fod yn argoel o ysgolheictod esboniadol brodorol mwy uchelgeisiol, ac ehangach ei adnoddau o ran dysg. Yn ei ragymadrodd i'r ail argraffiad o esboniad Hughes ar yr Hen Destament yn 1860, eglura Roger Edwards ei fod wedi cynnwys 'nodiadau chwanegol' ar ddiwedd pob pennod er mwyn elwa ar enillion diweddar ysgolheictod beiblaidd: 'y mae Esboniadau o'r fath werthfawrocaf wedi eu cyhoeddi yn ddiweddar gan Allmaenwyr a chan Saeson'.

Y cam esboniadol nesaf o bwys o fewn enwad y Methodistiaid
Calfinaidd oedd cyhoeddi *Testament yr Ysgol Sabbothol*, 'gan
amryw o weinidogion y Trefnyddion Calfinaidd'. (Dywed y cofnod
ar y Parch. John Hughes (1827-93) yn *Y Bywgraffiadur Cymreig*
mai ef oedd y prif gyfrannwr.) Yn ôl R. Tudur Jones (darlith
gyhoeddus), y fenter hon oedd y bont rhwng yr hen esboniadaeth
a'r newydd, a dywedodd fod y cyfranwyr yn eu gweld eu hunain
fel arloeswyr a allai gyfeirio at ysgolheigion diweddar. Mae'r
rhagymadrodd i'r ail gyfrol (1871) yn awgrymu'n gryf mai
disodli'r hen esboniadaeth yw'r nod, a go brin mai damweiniol
yw'r cyfeiriad penodol at dair o ffynonellau James Hughes: 'Y
mae esboniadau Scott, Guyse, Doddridge ac ereill, yn llawn o
sylwadau ac addysgiadau crefyddol da, ac o duedd i adeiladu
ysbryd y darllenydd . . . Etto, cydnabyddir yn gyffredin fod yr
oes yr oeddynt yn ysgrifenu ynddi yn hynod brin, wrth
ei chymmharu â'r oes bresennol, o'r manteision sydd yn
angenrheidiol i ddeall geiriau y Beibl.' Mae J. E. Davies, fodd
bynnag, yn cloi ei bennod ar esboniadaeth James Hughes yn
1911 trwy amddiffyn buddioldeb arhosol y gwaith a beirniadu
agweddau ar yr esboniadaeth ddiweddar, yn enwedig ei thuedd 'i
aros gyda'r llythyren a'r iaith o hyd ac o hyd' (*James Hughes,*
202). Cryfder James Hughes, yn ôl un arall a ddyfynnir gan J. E.
Davies, sef J. Morgan Jones, Caerdydd (awdur esboniadau a
chyd-awdur *Y Tadau Methodistaidd*), oedd ei 'allu nodedig i gael
gafael ar fêr y gwirionedd . . . nid yn aml y ceir y fath gyfuniad o
eglurhadaeth a defosiwn' (*James Hughes,* 199). Ceir gwahan-
iaethau egwyddorol sylfaenol rhwng esboniadaeth efengylaidd
draddodiadol ac esboniadaeth uwchfeirniadol a'r hyn a'i
dilynodd, ond nid o fewn cloriau'r gyfrol hon y mae helaethu ar
hynny. Noder, fodd bynnag, na chollodd hen esboniadau Saesneg
fel eiddo Poole a Henry eu hapêl na'u defnyddioldeb. Mae
Esboniad Matthew Henry yn dal i werthu'n gyson ac yn cael ei
werthfawrogi gan ddarllenwyr sy'n credu mai'r cymhwyster
angenrheidiol at esbonio gair Duw yw'r deall ysbrydol sy'n rhodd
gan Dduw ei hun. Ac ni pheidiodd Esboniad James Hughes â
chael ei ddefnyddio ychwaith gan rai sy'n rhannu'r un

argyhoeddiad. Mewn ysgrif yn nodi daucanmlwyddiant ei eni yn 1979, mynegodd Goronwy Prys Owen y farn fod gwaith James Hughes 'yn cyflawni anhepgorion esboniad: goleuo'r meddwl yn ôl cysondeb y ffydd, ehangu'r deall trwy gymharu adnod ag adnod, a chynhesu'r galon grediniol trwy fanteisio ar bob cyfle i ddyrchafu'r Arglwydd Iesu Grist' (Goronwy Prys Owen, 'James Hughes yr Esboniwr').

V

GOHEBIAETHAU

Mae'n debyg mai canran fach o lythyrau James Hughes a
oroesodd. Collwyd llawer o'i lythyrau at David Jones, Dolau
Bach, Llangeitho (*James Hughes*, 226-8). Mewn llythyr at
William Owen Pughe mae Iago'n crybwyll ei awydd i ysgrifennu
at ei 'gydwladwr' Daniel Ddu (Daniel Evans, gw. *Bywg.*, 207), ac
mae hynny'n ein cyfeirio at un enghraifft benodol o ohebiaeth
goll. Mae'r llythyrau y daethpwyd ar eu traws yn perthyn i'r
blynyddoedd 1820-1843, ac maent yn ffynonellau dadlennol y
dyfynnwyd ohonynt eisoes. A ddylid eu hystyried hefyd yn rhan
o gynnyrch llenyddol eu hawdur? O ystyried bod rhai o'r
llythyrau yn sicr yn cylchredeg ar fenthyg, a rhai'n cael eu
cyhoeddi mewn cylchgronau, nid yw'n hawdd gwarafun statws
'testunau llenyddol' iddynt. Pe cyhoeddid cyfrol o weithiau James
Hughes, byddai i'r llythyrau le amlwg a byddai'r pleser llenyddol
a geid o'u darllen yn cymharu'n ffafriol iawn â'i gyfryngau eraill.
Ceir yn eu plith lythyrau bugeiliol tyner a doeth, yn olyniaeth
llenyddiaeth epistolaidd gwŷr fel John Newton yn y ddeunawfed
ganrif, a hefyd lythyrau mwy cyffesol at gyfeillion. Yn y rhain câi
drafod helbulon personol ac eglwysig a lleisio barn rydd ar
faterion llosg fel y mudiad llwyrymwrthodol. Yn aml iawn mae
cyngor a chyffes yn agos iawn at ei gilydd. Cyhoeddwyd ambell
un o'i lythyrau yn fuan ar ôl ei farwolaeth, a neilltuwyd adran yn
James Hughes ar gyfer rhai llythyrau. Mae'r adran yn cynnwys
yr hyn oedd yn weddill o'i lythyrau at David Jones, Dolau Bach,
Llangeitho, un o arweinwyr y Methodistiaid yn yr hen ardal.
Cyhoeddwyd pump o'i lythyrau at ei gyfaill John Jones, Castle

St., Lerpwl gan John Thickens yn 1941 ('Llythyrau James Hughes'). O ran y llythyrau a geir mewn llawysgrifau, y prif ohebwyr yw William Owen Pughe, John Roberts ('Minimus'), Lerpwl a'r Parch. David Roberts, Abertawe. Wrth edrych ar rai elfennau yn ei lythyrau gwelwn ei fod yn defnyddio ffurf boblogaidd gan y Methodistiaid Calfinaidd fel dull o annog a chynghori ac o feithrin cymdeithas. Cynhwyswyd enghreifftiau o lythyrau felly gan Thomas Charles a Thomas Jones yn eu *Trysorfa Ysprydol* (1799), yn eu plith y llythyr a anfonodd William Williams, Pantycelyn at Thomas Charles ychydig cyn ei farwolaeth (*Trysorfa Ysprydol*, 90-3). Un o'r llythyrwyr bugeiliol nodedig oedd Robert Jones, Rhos-lan; cyhoeddwyd pigion o'i lythyrau at ei feibion yn Lerpwl yn ei gofiant yn 1834 (*Cofiant o fywyd a marwolaeth y diweddar Mr. Robert Jones*). Defnyddid y ffurf weithiau yn gonfensiynol ddi-fflach, wrth reswm, yn enwedig mewn llythyrau lled gyhoeddus a swyddogol at eglwysi a'u harweinwyr.

Bugail a Chynghorwr

Cynghorwr profiadol, cydymdeimladol yw James Hughes ar ei orau. Mewn tri maes, o leiaf, medrai gynghori ar sail ei brofiadau ei hun. Y meysydd hynny oedd trafferthion ariannol, profedigaethau teuluol a phrofiadau a rhwystredigaethau'r weinidogaeth. Edrychwn ar enghreifftiau o'i ohebiaethau deheuig yn y meysydd hyn.

'Medraf gyd-ymdeimlo â chwi yn dda iawn, oddiar hen brofiad o'r un cyffelyb dywydd', meddai wrth Mrs Jones, gwraig tŷ capel Jewin Crescent, mewn llythyr a anfonodd ati o Lerpwl ar 27 Awst 1829 (Llawysgrif Bangor Ashby 57; *James Hughes*, 256-8). Dywedai hynny ar ddechrau'r llythyr cyn sicrhau'r derbynnydd fod ei gydymdeimlad â'i phrofedigaeth 'lem a phoenus' wedi troi'n weddi ar ei rhan hi a'i gŵr 'gyda rhyddid a thaerineb mwy na chyffredin'. Y cam nesaf oedd ei chyfeirio at hollalluogrwydd Duw ac at addasrwydd yr Archoffeiriad mawr sy'n cyd-ddioddef â'n gwendidau ni ac 'a ddichon gynorthwyo y rhai a demptir' (cyfeiriad at Hebreaid 2:18).

Yn yr ail baragraff y daw'r cerydd, yn gynnil ond yn bendant:

> Dïammau gennyf, fod eich anwyl brïod chwi, a'm hanwyl frawd innau, Mr T. Jones, wedi gwneyd y peth nid oedd raid iddo, ac yr hyn ni ddylasai, o ormod chwant i ymgyfoethogi . . . etto, mae yn hyderus genyf, y goruwchlywodraetha Duw hyn er daioni iddo ef a chwithau.

Eir ati ar unwaith wedyn i gynnig cyngor penodol a phwrpasol, a hyn eto heb guddio rhagddynt yr helyntion tebyg a ddaeth i'w ran ef. Dylent wylio rhag i'r argyfwng ariannol amharu ar eu priodas a'u cariad at ei gilydd:

> Na chaffed y tro effeithio arnoch i oeri at eich gilydd er dim, nac yn y mesur lleiaf: gwiliwch byth rhag edliw y coll na'r amryfusedd y naill i'r llall; cerwch eich gilydd, cyd-alarwch a'ch gilydd, a chyd-ymostyngwch gerbron Duw. Peth mawr ydyw cariad prïodasol (conjugal love) i wr a gwraig fyned trwy y byd, ac y mae profedigaethau fel yr eiddo chwi yn bresenol, yn treio y cariad hwnw yn lled rymus. Maddeuwch i mi am ysgrifenu mòr rhydd attoch, un ydwyf a gafodd brofiad o'r perygl, a'm gwaredu rhag y niwed.

Nid yw James Hughes yn rhaffu idiomau cysurlon mewn ffordd arwynebol neu broffesiynol fugeiliol. 'Yr eiddoch yn ddiragrith' yw ei ddull o gloi'r llythyr, ac yn y paragraff sy'n dilyn y cerydd a'r cyngor i ymrwymiad priodasol daw'r rhybudd nad yw'n sicr y bydd dihangfa lwyr o'u trafferthion ariannol yn dod i'w rhan:

> Efallai nas gellwch byth atteb eich gofynywr, na thalu eich dyledion – os felly, bydd raid i chwi wrth lawer o ras i ymostwng a bod yn ddyoddefgar. Croes drom i feddwl mawr (heb son am feddwl gonest, a duwiol) yw bod mewn dyled trwy hyd einioes, ac heb fodd i'w dalu.

Ac yna daw'r gyffes ingol gan y llythyrwr mai dyma fu ei hanes ef, a does bosib nad oedd agor ei galon fel hyn yn sicr o'i gwneud hi'n haws i Mr a Mrs T. Jones ymddiried yn llwyr yn ei gyngor:

> Gwyr Iago, druan, er ei ofid, beth ydyw; ac y mae yn wermod yn ei gwpan, ac yn achos o grymiad pen a chalon iddo, yn ei fyfyriadau dirgel, yn y Society, yn y Pulpit, ac wrth fwrdd yr Arglwydd!!! Nid oes dim i'w wneyd, ond dywedyd gyda hwnw gynt:– 'yn ddïau, dyma ofid, ac mi a'i dygaf.'

LLÊN Y LLENOR

Mae'n cloi'r llythyr trwy sôn am ei weinidogaeth yn Lerpwl ac am ei drefniadau ar gyfer dychwelyd i Lundain. Er bod ôl trefn a chynllun ar y llythyr hwn, nid cyfansoddiad llenyddol ydyw, ac nid *familiar letter* o'r math a ddaeth yn boblogaidd yn y cylchoedd efengylaidd Saesneg yn y ddeunawfed ganrif ydyw yn union chwaith, er bod elfennau o hynny yma. Ond mae'r deunydd at ei gilydd yn rhy bersonol i ddisgwyl y byddai neb yn benthyg y llythyr neu'n ei ddarllen yn gyhoeddus i eraill (gw. D. Bruce Hindmarsh, *John Newton and the English Evangelical Tradition*, 243-7). Yn wir, mae'n nodi: 'efallai mai cystal i chwi beidio son am y llythyryn hwn ond wrth deulu y ty yn unig.'

Patrwm tebyg o gydymdeimlo ar sail cynhysgaeth brofiadol gyfaddas a geir yn y llythyr a anfonodd at y Parch. David Roberts ar 27 Ionawr 1843. Dyma'r olaf o'r tri llythyr at David Roberts a gedwir yn y Llyfrgell Genedlaethol (LLGC Llsgr 5511B). Bu David Roberts yn pregethu am dymor yn eglwysi Cymraeg Llundain ddechrau 1842, a gwnaeth argraff ar weinidog Jewin. 'Dyn gwerthfawr iawn yw D. Roberts', meddai mewn llythyr at John Roberts 'Minimus', 'a mwy-fwy felly fel yr oedd yn aros gyda ni' (LlGC, AMC, Coleg y Bala 1: 638). Mynegodd yr un gwerth-fawrogiad yn uniongyrchol wrth David Roberts mewn llythyr a ddyddiwyd 12 Ebrill 1842, ac fe ddatblygodd perthynas ohebiaethol rhyngddynt. Erbyn dechrau 1843 y mae David Roberts a'i wraig wedi colli plentyn. Bydd rhai darllenwyr cyfoes yn teimlo bod sylwadau agoriadol James Hughes braidd yn galed ac anystyriol:

Yr Arglwydd a'i rhoddodd ef i chwi am ychydig flynyddoedd, ac wrth ei roddi yr oedd megys yn dywedyd wrthych, 'Maga ef i mi'; ac wedi i chwi ei fagu ef felly am wyth neu naw mlynedd, daeth yr Arglwydd i alw amdano, ac i'w gymmeryd iddo ac ato ei hun; yr hyn sydd 'lawer iawn gwell' i'r plentyn, ac efallai i chwithau hefyd: eich gofid presenol yw y gofid diweddaf a gewch chwi byth, yn achos y plentyn hwnw; a chydag amser chwi a ymiachêwch oddi wrth eich gofid presenol, yr hyn sydd drugaredd fawr yn wir.

Onid yw'n cynnig cysur annaturiol o rwydd, yn cynghori'n drwsgl a chreulon o ansensitif yn wyneb y fath golled? Ond wrth iddo fynd rhagddo y deuwn i ddeall ei gymhwyster i gynghori rhieni galarus:

> Cleddais i fy nghyntaf-anedig, a'm hunig-anedig y pryd hwnw, yn 14 mis oed; cleddais un bychan arall yn 14 mis oed, yn mhen blynyddoedd wedi y cyntaf; ac yr oeddwn i fel pob tad yn dra galarus ar ol pob un o'r ddau. Ond wedi hyny collais ddau o feibion, un yn 25 oed a'r llall yn 23 mlwydd oed, ac ill dau ar y môr mawr, llawn 20,000 o filltiroedd oddi cartref, ac yn fy ngalar am y ddau hyny, a alwyd i'r farn mewn oedran dynion, ac O yn rhy wylltion! yr oedd fy meddwl y pryd hwnw yn dawel iawn am y ddau fychain, a gollaswn o'r blaen yn eu mabandod. Nid wyf yn meddwl fod plant yn ddibechod, ond am y rhai a gymmerir ymaith yn blant, yr wyf yn meddwl yn gryf iawn eu bod yn cael trugaredd, ac yn cael eu cymmeryd i ddedwyddwch; yr oedd hyn yn gysur mawr i mi, pan gollais fy mabanod, a diau ei fod yn gysur i chwithau hefyd, yn eich galar ar ôl eich William bychan . . .

Ond wedi'r ymdrechion hyn i gysuro, rhaid cyfaddef mai 'amser yn unig, gydag ymgeledd Duw ar y meddwl, a iachâ yr archoll ddofn ddolurus'. Awgrymir agwedd James Hughes a'i gymdeithas at brofedigaethau o'r fath, profedigaethau llawer mwy cyffredin bryd hynny, gan y modd y mae'r llythyr wedyn yn symud ymlaen i drafod materion eraill – ymddiheura am sylw cellweirus yn ei lythyr blaenorol, a rhydd newyddion am yr eglwys yn Llundain a'i waith gyda'r Esboniad.

Rhoddem gamargraff pe dywedem fod llythyrau James Hughes at ei gyd-bregethwyr yn aruchel o ysbrydol ac anogaethol o'u dechrau i'w diwedd. Maent yn fwy brith o lawer na hynny. Ceir yma gwyno a bwrw bol yn ogystal â chynghori. Ac wrth gynghori arall mae fel pe bai'n synnu at ei hyfdra ei hun yn gwneud, ac yn cydnabod cymaint yw ei angen ef. Dyma'r patrwm mewn llythyr at John Jones, Castle St., Lerpwl yn 1825:

> Goreu po leiaf yr edrychwn ar y bobl, a goreu po fwyaf yr edrychwn ar Dduw, ac ar ddydd y cyfrif; na fyddwn anffyddlawn ac esgeulus, fe ymddengys y Pen Bugail; na fyddwn ddigalon na grwgnachus chwaith, fe ymddengys y Pen Bugail a chaiff ei holl wir genhadau, yr is-fugeiliaid, dderbyn aniflanedig goron y gogoniant . . . Anwyl Frawd, cryfhewch a dyddanwch eich calon a'r ymadroddion hyn . . .

Er fy mod fel hyn yn ceisio eich anog a'ch cysuro chwi, mae arnaf fawr angen cael anogaethau, rhybuddion, a llawer o hyfforddiadau genych chwi; oblegid, yn sicr, nid oes waelach, ffolach, ac anheilyngach creadur na mi ar y ddaear yn ymdrin â gwaith mawr yr Arglwydd. Nid yw fy nawn i ond bychan a chyffredin iawn, fel y gwyddoch yn dda; fy nuwioldeb a'm profiad o bethau Duw yn llai . . . ('Llythyrau James Hughes', 52)

Cadwyd 11 llythyr a anfonodd James Hughes at John Roberts, Lerpwl, rhwng 1831 ac 1843 (LlGC, AMC, Coleg y Bala 1: 629-39; J. T. Alun Jones, 'Y Parch. James Hughes. . . yr "Esboniwr"'). John Roberts 'Minimus' oedd hwn, awdur yr emyn 'Bywha dy waith, O Arglwydd mawr!', ysgrifennydd cymdeithas genhadol y Methodistiaid Calfinaidd a chyd-olygydd cylchgrawn *Y Pregethwr* y cyfrannodd James Hughes iddo (gw. Elfed ap Nefydd Roberts, ' "Nid y lleiaf un": John Roberts, 'Minimus', 1808-1880'). Roedd hen gydnabyddiaeth rhwng James Hughes ac achosion y Methodistiaid yn Lerpwl, a theimlai'n agos at y gwaith ac yn eiddigus drosto. Roedd ganddo feddwl mawr o'r Parch. Thomas Hughes (1758-1828; *Bywg.*, 369), a ordeiniwyd yn yr un flwyddyn ag ef ac a fu farw yn 1828. Buasai'n gyfeillgar hefyd â Richard Roberts, tad John Roberts. Yn 1830 y dechreuodd John Roberts bregethu, yr un pryd â Richard Williams (1802-42; *Bywg.*, 1002). Roedd un arall o gyfeillion gohebol James Hughes, sef John Jones, Castle St., hefyd yn pregethu, ond tynnodd helynt yn ei ben yn 1830 trwy werthu ei bleidlais mewn is-etholiad yn Lerpwl. Fe'i disgyblwyd gan yr eglwys a'i atal rhag pregethu (*Hanes Methodistiaeth Liverpool*, cyf. 1, 101-3).

Gwelodd James Hughes y gallai fod yn gefn i'r gwaith yn Lerpwl trwy annog y Minimus ifanc. Er bod bron ddeng mlynedd ar hugain rhwng y ddau roedd perthynas gadarn wedi datblygu rhyngddynt erbyn 1831, oherwydd yn ogystal â chynghori gallai Iago gyffesu a dweud ei gŵyn wrth y dyn iau, am ei iechyd a'i hwyliau, am ei amgylchiadau teuluol ac am y gwaith yn Jewin Crescent. Dyfynnwyd eisoes ei anogaeth i'r brawd iau i boeni yn y gair a'r athrawiaeth. Yn yr un llythyr mae'n ei rybuddio i beidio â disgwyl na chlod na chwarae teg o reidrwydd o fewn y gyfundrefn bregethu Fethodistaidd, a hynny oherwydd tuedd cynulleidfaoedd i ffafrio'r 'gŵr dieithr' ar draul y 'gŵr cartrefol'. Cyngor i frawd iau, felly, ond *cri de coeur* gan y pregethwr profiadol hefyd ar fater a oedd yn arbennig o berthnasol i bregethwyr y Methodistiaid yn nhrefi mawrion Lloegr:

> Efallai y cewch weled mewn amser mai <u>gwr</u> <u>cartrefol</u> ydych, ac y
> bydd dïeithriaid llai eu dawn, llai eu llafur, llai eu dysg, a llai eu
> cymhwysder yn mhob modd, yn cael eu gwaeddi i fynu yn uwch nâ
> chwi . . . gweddiwch a gwiliwch na byddo hyny yn brofedigaeth nac
> yn ddigalondid i chwi; ewch yn mlaen yn dawel, yn ostyngedig, yn
> ffyddlawn, ac yn gydwybodol yn eich gorchwyl, ac ymddiriedwch y
> canlyniad i Dduw . . . Yn y <u>Society</u>, chwi a gewch ond odid glywed
> coffâu pregethau pawb ond eich pregeth chwi . . . a bydd <u>edrychiad</u>
> ambell i <u>flaenor</u> . . . pan fyddoch <u>chwi</u> yn llefaru, yn ddigon i'ch lladd;
> gweddïwch yn erbyn hyny hefyd. Gwelais a phrofais i lawer o'r
> pethau uchod . . . a llawer briw a llewyg calon a barâsant i mi.

Dirwest

Roedd y symudiad dirwestol neu lwyrymwrthodol a ddaeth i fri yn yr 1830au yn achos gofid mawr i James Hughes, ond cymaint oedd grym a dylanwad y symudiad fel mai mewn gohebiaethau personol y gallai ddweud ei farn yn fwyaf rhydd ar y mater. Yn 1831, ymysg Cymry Manceinion, y sefydlwyd y gymdeithas 'gymedroldeb' Gymreig gyntaf yn ôl John Davies (*Hanes Cymru*, 360-1), ond dilynodd Lerpwl yn fuan ar ôl hyn, gyda sefydlu 'cymdeithas cymedroldeb' yn eglwys y Methodistiaid Calfinaidd, Pall Mall yn 1832 a chymdeithas ddirwestol yng nghapel Rose Place yn 1835 (*Hanes Methodistiaeth Liverpool*, cyf. 1, 402; *Jubili y Diwygiad Dirwestol yng Nghymru*, 39-40, 45). Perthynai James Hughes i'r genhedlaeth honno a arferai wneud defnydd cymedrol o ddiodydd alcoholaidd, ond nid diogelu ei ryddid i barhau i wneud hynny oedd ei brif gymhelliad dros fynd yn erbyn y llif grymus cyfoes. Teimlai fod pwysleisiadau'r mudiad yn mynd y tu hwnt i'r Ysgrythur ac yn debyg o rwygo eglwysi trwy wahaniaethu rhwng brodyr a'i gilydd ar seiliau anysgrythurol. Mewn cerdd a geir mewn llawysgrif mae'n sylwi ar y newid difaol a ddaeth i'r eglwysi trwy'r mudiad dirwest llwyrymwrthodol:

LLÊN Y LLENOR

Yn yr eglwys gynt, aelodaeth
Ydoedd rhwymyn gwir frawdoliaeth,
Heddyw mur gwahaniaeth hollol
A wnaeth dirwest yn ei chanol.

O un tu ni gawn ddirwestwyr,
O'r tu arall cymmedrolwyr,
Yn oer edrych ar ei gilydd
Fel dwy blaid o ddeufath grefydd.

Os bydd un o fewn yr eglwys,
Yn ddirwestol, dau yn gymhwys;
Hwy ddirmygant eu holl frodyr
Am na byddant yn ddirwestwyr.

Os bydd chwaneg yn ddirwestol
Bydd y dirmyg yn chwanegol,
Ac os ânt yn llywodraethwyr
Gwae, O gwae i'r cymmedrolwyr.

O drueiniaid llawn o ragfarn
Plant yr amryfusedd cadarn,
A oes rheswm neu ysgrythyr
Yn eich plaid i ddamnio'ch brodyr?

(Y pum pennill cyntaf o wyth, LLGC Llsgr 5511C)

Er iddo anfon llythyr bugeiliol tyner 'at y Brodyr a'r
Chwiorydd oll yn Liverpool' yn 1837 (*Y Drysorfa*, Mehefin 1845,
176-7), effeithiodd y symudiad ar ei berthynas ag eglwysi
Cymraeg Lerpwl ac ar yr ohebiaeth â John Roberts 'Minimus'.
Pan yw'n dechrau cyfeirio at y pwnc mae'n gwneud hynny'n
fywiog ac ysgafnfryd, fel pe na bai'n disgwyl i'r chwiw bara'n hir
iawn. Dyma fel mae'n cloi'r llythyr at John Roberts a ddyddiwyd
7 Medi 1836 (LLGC, AMC, Coleg y Bala 1: 630):

> Peth arall a'm hofnai [oedd eich] cymmedroldeb anghymmedrol
> chwi yna: clywaf eich bod oll wedi myned dàn adduned ac enw
> teetotalists, yn Nazareaid, a Rebeciaid hollol, na phrofwch ddim
> gwin na dïod gadarn; ac na chaiff pregethwr tlawd brofi dim
> ychwaith, hyd yn nod ar ei gost ei hun, wedi chwysu a thagu, heb
> gael ei gondemnio a'i osod i lawr yn ddyn anghymmedrol, yn
> ddïotydd, ïe, yn feddwyn. Mewn gwirionedd dywedyd i mi gan
> ddynion geirwir a duwiol, fod rhai o honoch yn barnu mai dynion

JAMES HUGHES

felly yw pawb, os na roddant eu henwau ar lyfr eich cymdeithas cymmedroldeb chwi, ac ymattal yn hollawl rhag yfed pob math o ddïodydd, yr ymattaliwch chwi oddi wrthynt. Trwy drugaredd cefais i y fraint o fod yn weddol o gymmedrol hyd yn hyn, anaml iawn y byddaf yn profi gwirodau, ond am ddïod frag mewn cymmedroldeb, byddaf yn ei hystyried mor angenrheidiol, mòr llesol, ac mòr gyfreithlawn, âg ymborth cyffredin. Tybiwn yn galed gael fy ngwarafun i gymmeryd fy rhaid o hóni; a thybiwn yn anfrawdol iawn gael fy marnu yn ddyn dïodgar, am gymmeryd yr hyn a dybiwyf yn angenrheidiol a llesol. Mewn difrif frawd, a glywsoch chi y chwedlau rhyfedd o America? bod y bobl grefyddol yno yn son am weini y cymun heb win!! – ac am un or tee-totalists a fu farw, a chwedi agor ei gorph, y caed 1lb a 10oz o rew yn ei gylla!!! Efallai mai chwedl yn unig yw yr olaf, ond am fwriadu cymuno heb ffrwyth y winwydden, mae yn ddigon gwir; yr hyn yn marn pob dyn rhesymol a duwiol, sydd gableddus a beïus iawn. Nid wyf yn beio mewn un modd ar Gymdeithasau Cymmedroldeb, eithr yn eu cymmeradwyo; ond pan eler i eithafoedd o'r fath uchod, ac i farnu yn angharedig am bawb na pherthyno iddynt, yr ydys yn myned yn rhy bell, ac yn niweidio yr achos wrth geisio ei bleidio. Cynghor Paul i Timothëus sydd angenrheidiol iawn, debygwn i, i'm hanwl frawd Roberts, 'Nac ŷf ddwfr yn hwy, eithr arfer ychydig win, er mwyn dy gylla a'th fynych wendid.' Ond, i ba le yr aethum? Farewell, farewell,
Yr eiddych yn ddiffuant
James Hughes

Erbyn iddo grybwyll y mater wrth ysgrifennu at ei hen gyfaill David Jones, Dolau Bach yn 1839, roedd ei farn ar effeithiau'r symudiad wedi dwysáu. Cyhoeddwyd y llythyr gan J. E. Davies yn 1911 ond fe dorrwyd y darn sy'n mynegi argyhoeddiadau James Hughes ar y mater hwn, ac fe newidiwyd y diweddglo. Atgynhyrchu'r ffurf ar y llythyr a gyhoeddwyd yn y *Geiniogwerth*, yn 1847 a wnaeth J. E. Davies. Wedi agor trwy gyfarch David Jones, 'Anwyl frawd a chyfaill', fel yr unig un o'r fath sydd ganddo bellach yn ei hen ardal, daw at y pwnc sy'n ei boeni:

. . . yr wyf yn ofni bod achos arall y dyddiau hyn, a wnaeth fwy o niwed i gariad brawdol yn y dwy neu dair blynedd ddiweddaf, nac a wnaeth absenoldeb brodyr oddi wrth eu gilydd mewn 40 mlynedd lawn: nid aelodaeth eglwysig, a duwioldeb, ydyw rhwymau brawdgarwch mwyach, eithr peth arall, na feddyliodd yr enwocaf, na'r duwiolaf o'n tadau, amdano erioed. Hwn sydd yn awr yn fur gwahaniaeth o fewn yr eglwysi, ac yn neillduo brodyr oddi wrth frodyr, gyda chernodiau a chollfarnau didrugaredd iawn. Ni feiddiaf amlygu fy meddwl yn fanylach, ac enwi y peth; oblegid y mae canons wedi eu gosod, ac yn llwythog o ddefnyddiau dinystr, i'w gollwng gyda rhuthr ofnadwy, yn erbyn y neb a ryfygo ddywedyd gair yn groes i'r peth y cyfeiriais ato. Duw a'i gŵyr, y dymunwn weled yr holl fyd yn sobr, a phe gwnai pawb yn ol fy esiampl a'm cynghorion tlodion i, e fyddai pawb felly; ond nis gallaf mewn un modd, ymostwng i orfodaeth neb dynion mewn pethau y mae yr 'Un gosodwr Cyfraith' wedi eu gadael heb eu gwahardd mewn cymmedroldeb i mi, ac i bawb. Pethau fel hyn sydd yn awr yn lle gweinidogaeth yr Efengyl, ac yn oeri cariad, yn drygu brawdgarwch, yn gorthrymu duwiolion diniwed, yn condemnio y gwirion, ac yn neillduo tywysogion. Tybir mai arwydd o wawriad y milflwyddiant yw hyn, tybiaf innau mai arwydd o ddrylliad a dinystr yn eglwysi y saint ydyw, yn enwedig yn mhlith yr hen Drefnyddion Calfinaidd. (LLGC, AMC, 7644)

Hepgorwyd y darn angerddol hwn o ryddiaith bolemig yn llwyr yn y fersiynau cyhoeddedig. Roedd hynny'n dilysu dadansoddiad James Hughes o ysbryd y mudiad llwyrymwrthodol. Er iddo gyflawni llawer o les cymdeithasol, ymgaregodd hefyd yn Phariseaeth galed a wnaeth ddrwg i'r eglwysi ac i burdeb pregethu efengyl gras. Torrwyd diwedd y llythyr hefyd, sy'n cynnwys cyfarwyddyd i David Jones mai ar ei gyfer ef yn bersonol y mae'r llythyr, ac na ddylai wneud defnydd ohono yn y Cyfarfod Misol, sylw sy'n profi bod defnydd felly yn cael ei wneud o'i lythyrau. Yn y fersiynau cyhoeddedig ychwanegwyd brawddeg ystrydebol grefyddllyd gan rywun: 'Yr Arglwydd a'ch dysgo, ac a'ch llwyddo mewn pob ymdrech daionus gydag achos crefydd a daioni ein cenedl.'

Erbyn iddo ysgrifennu at John Roberts 'Minimus' yn 1841 ac eto yn 1842, ymddengys fod rhywfaint o oeri wedi bod ar y berthynas â Lerpwl oherwydd y pwnc dan sylw. Ar ffurf englyn y mynega'i argyhoeddiad ar y pwnc yn 1841:

Am 'gydweithredu â'm brodyr' a grybwyllwyd yn eich llythyr cyntaf, yr wyf yn dra boddlawn i wneyd hyny hyd eithaf fy ngallu egwan,

JAMES HUGHES

yn mhob peth a wnâ fy mrodyr ar dir ysgrythyrawl; ond pan elo fy
mrodyr dros ben hyny, rhaid imi aros ar ol –
Dïogwydd ydyw Iago – i ddirwest,
Ei ddewrwaith yw peidio,
Dirwestydd ni fydd y fo,
Na chaeth i'r un a chwytho.
(LLGC, AMC, Coleg y Bala 1: 635)

Fel 'Fy hen Gyfaill gynt' y cyferchir John Roberts yn y llythyr a
ddyddir 31 Mawrth 1842. Mae'n bosibl bod John Roberts yn ei
lythyrau ef yn ceisio adfer y berthynas rhwng ei eglwys a James
Hughes, ond ymateb digon cyndyn, ac edliwgar braidd, a gafodd.
Er derbyn gwahoddiad personol gan John Roberts i bregethu yn
Lerpwl rhaid iddo, meddai, wrth wahoddiad *official*, oherwydd
'chwi a wyddoch frawd, nad ydwyf fi ddirwestydd hyd y dydd
heddyw, ac eich bod chwithau oll yna; gan hyn yn ol a
ddywedasoch chi eich hun rywbryd yn ol, ni byddai ond ychydig
gymeradwyad i mi na'm gweinidogaeth yn Lerpwl. Trwy fawr
drugaredd nid felly y mae gartref, gan hyny gwell yw i mi aros
gartref' (LlGC, AMC, Coleg y Bala 1: 638).

'Llawn yw oes y Trichrug o wae trachroes'
Yr agwedd olaf ar ohebiaethau Iago Trichrug yr ydym am ddwyn
sylw ati yw'r agwedd gyffesol, y modd y defnyddir y llythyr
personol (nad arhosai o reidrwydd yn gyfrinachol) er mwyn
dweud wrth gyfaill sut yr oedd arno'n faterol neu'n ysbrydol neu
o ran ei iechyd a'i waith. Câi gyfle hefyd i gynnig gwybodaeth a
sylwebaeth am y sefyllfa yn yr eglwysi yn Llundain, a honno'n
sefyllfa a'i digalonnai braidd wrth i'r blynyddoedd fynd
rhagddynt.

'Pryf ydyw Iago'
Ceir hunanbortreadu ymwybodol yn y llythyrau. Gydag ychydig
o ormodiaith gellid dweud ei fod yn creu cymeriad, 'Iago', un
llwfr, trafferthus, trwstan na ddylai feiddio cynghori arall. (Hyn
efallai ar ôl iddo gynnig cynghorion sylweddol ac awdurdodol!)
Nid cydnabyddiaeth pechadur o'i safle yn unig sydd yma, fel a

101

geir yng ngwaith cynifer o emynwyr, ond rhyw ystum sydd y mymryn lleiaf yn faldodus. Fe'i gwelsom eisoes wrth iddo ddatgan ei annheilyngdod yn ei ymatebion i feirdd eraill. Ceir mynegiant eithafol ohono ar ddiwedd llythyr at John Jones, Castle St., Lerpwl yn 1829. Sylwyd eisoes ar yr adroddiad ar ei arhosiad ym Mryste yn yr un llythyr, ac â yn ei flaen i roi cynghorion buddiol i John Jones ynghylch perthynas pregethwr â'i flaenoriaid. Daw'r llythyr i ben, fodd bynnag, trwy ymddiheuro am ysgrifennu cymaint, 'gan nad oes dim yn fy meddwl diffrwyth yn werth ei ysgrifennu', ac ychwanegir pennill:

> Pryf ydyw Iago ac nid gŵr, Creadur gwan o dan y dŵr;
> Heb ganddo fodd, hap gein-dda i fyw, Anghenllyd a ffwdanllyd yw,
> Ni ddylai efe, eiddilaf was, A'i hyll linellau, bethau bas,
> Ormesu'n wallus ar ei well. Distewi a wna ac â i'w gell.
>
> ('Llythyrau James Hughes', 117)

Fel y dywedwyd o'r blaen, fodd bynnag, nid maldod ydoedd i gyd nac yn bennaf. 'Yr Arglwydd a ŵyr nad ydwyf yn ffugio wrth gwyno fel yna', meddai wrth John Jones ar ôl datgelu ei ofnau ynghylch dod i bregethu i Lerpwl; anian gwangalonni oedd ynddo: 'Felly mae teimlad fy meddwl, felly y bu erioed, ac felly yn ddiameu y bydd tra fyddwyf yn y byd hwn. Er bod ynof lawer o hunan a balchder, yet my prevailing weakness is diffidence, and want of fortitude' ('Llythyrau James Hughes', 64). Yn y llythyr a anfonodd at Moses Jones yn 1839, rhydd ddisgrifiad hynod fychanus o'i safle fel pregethwr:

> Ond O mor saled pregethwr! Tybiaf rywbeth o honof fy hun weithiau, ond pan ddêl yr oedfa galed, a mynych y daw honno, cragen fechan iawn a gynnwys y pregethwr druan! Yn enwedig pan ddêl un o 'Lanciau'r Eryri', dewrion Gwynedd, a llawer o Ddeheubarth hefyd, yma, byddaf yn myned yn sitrechyn gwael a bychan iawn wrth eu gwrando. (*James Hughes*, 249-50)

Gellid helaethu cyfeiriadau, ond gwelsom enghreifftiau ohono eisoes yn yr adrannau blaenorol. Roedd ymddygiad a buchedd ei blant hefyd yn achos siomedigaethau chwerw iddo; soniai wrth John Roberts 'Minimus' yn 1831 am ryw 'ofidiau parâus yr wyf yn gael gydag amryw o'm plant fy hun, y rhai a fegais ac a feithrinais yn anwyl ac yn ofalus debygaswn I, ac eto wedi y cwbl hwy a wrthryfelasant i'm herbyn, ac yn erbyn Duw . . . Nis gwyddoch chi ddim, fy mrawd ieuanc, am y gofidiau hyn, na'u heffeithiau trymion ac athrist ar ysbrydoedd rhïeni' (LlGC, AMC, Coleg y Bala 1: 629).

Wrth yr esboniad
Roedd llunio nodiadau esboniadol ar y Beibl i'w cyhoeddi'n rhannau rheolaidd yn golygu llafur disgybledig a diarbed. Ni allai'r esboniwr beidio â dweud wrth gyfeillion sut yr oedd hi arno gyda'r gwaith; prin oedd yr ymateb a gâi ar y pryd, a synhwyrir weithiau awydd am gydnabyddiaeth. Gall y cyfeiriadau at ei amodau gwaith fod yn hunandosturiol, a weithiau yn ddoniol hunanfychanol. O fewn dwy flynedd i ddechrau esbonio, mae'n cwyno am effeithiau'r *regime* wrth John Roberts mewn arddull y bwriedir i'w gormodiaith hi ennyn cydymdeimlad a dychanu'r hunan ar yr un pryd:

Helbulus iawn y bu arnaf er ys rhai misoedd – chwi a wyddoch mae yn debyg erbyn hyn, fod gennyf ryw law yn y gorchwyl sydd yn myned yn mlaen gan y Llwydiaid yn y Wyddgrug. Bûm wrth hwnw onid wyf bron yn ddall: bûm yn ysgrifenu am lawer o wythnosau a'r llygad aswy wedi ei rwymo i fynu yn wastadol, ac nis medrai holl ddyfrach ac elïau Llundain wneuthur dim lles iddo. Yn nghanol hyny o drallod bu agos iawn i gerbyd a rhedeg drosof wrth i mi groesi yr heol, ac wrth roddi naid sydyn i ymachub, ysigais ronyn ar fy migwrn: ac erbyn hyn dyma fi yn gloff ac yn ddall. Erbyn hyn dechreuais ar ddognau helaeth o ryw gyfferi carthawl, y rhai yn wir a wnaethant i mi fwy o les na dim arall. Yr oeddwn yn dechreu gwelleu yn o lew, pryd yr aethum i'r dref i wrando Mr. Elias yn traddodi ei bregeth ymadawol, nos Iau dïweddaf (Mai 19), ac ar y ffordd adref cefais wlaw mawr, yr hwn a'm gwlychodd hyd y croen a'r croen hefyd. Bore dranoeth, teimlwn fy hen gydymaith ysdyfnig, yr anwyd, wedi gafaelu yn gadarn yn mhob modfedd o honof. Gan fod y Sabbath yn dyfod, a ninnau yn awr heb yr un gwr dieithr, ymdrechais ddal i fynu ond yn wael iawn a chruglyd. Nos dydd Llun wedi dyfod adref, aethum i'm gwely, yn sâl iawn, ac yno y bum mewn un berw parâus a chwys am tuag ugain o oriau, ac erbyn codi prin y gallwn sefyll gan dra gwendid. <u>Ond</u> gwnaeth i mi fawr les; trwy fawr drugaredd yr wyf yn well o lawer heddyw, o ran cloffni, dellni, ac anwyd hefyd: ond dylwn gael trochfa o chwys eto am ugain awr cyn cael yr holl anwyd o'm hesgyrn; eithr ni oddef y gwaith i mi gymmeryd hyny yn awr, os gallaf modd yn y byd ei ysgwyd ymaith heb hyny: mae genyf tua saith oedfa (o bregethu) i'w cadw am y pùm neu y chwech wythnos i ddyfod, hyd oni delo gwr dieithr o Gymru eto. Digon o hanes y trwstan. Y gwir yw, mae cymmaint gaethiwed, ac eistedd yn yr unfan, mewn ystafell gauad yn fywyd anarferedig i mi, ac yn niweidiol i fy iechyd. Ond ni wiw meddwl am dynu yn ol mwyach; beth bynnag a ddelo o'r gorchwyl ar ol ei orphen, rhaid i mi geisio canlyn arno hyd oni orphener. (LlGC, AMC, Coleg y Bala 1: 629)

Diffyg ymateb ei frodyr yn y weinidogaeth i'r Esboniad oedd yn ei boeni pan ysgrifennodd at John Foulkes yn 1832 (LlGC, AMC, 27533; Llsgr Bangor 1515). Dywed yn gellweirus fod arno 'chwant rhoddi ambell i bwt o gyfeiliornad dychrynllyd yn rhai o'r sylwadau hyny weithiau' er mwyn gweld a yw'r pregethwyr yn darllen y gwaith. Wrth gofio'r cerydd a gafodd am ei ymddygiad adeg 'prynu'r bendithion', mae'n annog John Foulkes i ddweud wrth ei frodyr 'am fod ar eu gwyliadwriaeth, a pheidio gadael i'r gwaith bychan hwn fyned i blith plant yr ysgolion Sul, heb iddynt hwy edrych yn fanwl a oes dim surdoes ynddo yn gyntaf'. Ymhen blynyddoedd, yn 1841, mae'n ysgrifennu at John Roberts eto gyda'r un pryder, diffyg ymateb affwysol ei gyd-weinidogion i'r gwaith a olygodd gymaint o aberth iddo (LlGC, AMC, Coleg y Bala 1: 636). Dyma, meddai, a aeth â 'fy holl amser, a'm holl feddylfryd, er ys blynyddoedd weithian', ac y mae'n 'ddiamau' ganddo na fydd yn gorffen y gwaith cyn ei farw. Mae'n mentro gofyn i'w gyfaill am ei farn felly, gan fod 'pawb, yn enwedig pregethwyr, yn ochelgar iawn nad ynganont air wrthyf fi yn ei gylch; er y byddai braidd yn well genyf eu clywed yn ei <u>regi</u>, na bod yn hollol ddistaw yn ei gylch'. Cydnebydd ei wendid yn disgwyl canmoliaeth, a defnyddia ddihareb o'i hen sir, 'dylaf dwl yw dwl hen', cyn dweud eto bod y gwaith wedi andwyo'i iechyd: 'Crwydro ac ymrodio a fyddai lawer gwell i mi yn yr haf, nac eistedd a dyfalu mewn ystafell gyfyng.' Fe'i diflaswyd ymhellach yn ei flynyddoedd olaf gan anghytundeb rhyngddo a'r cyhoeddwr, P. M. Evans, ynghylch hawlfraint y nodiadau.

Trafferthion eglwysig

'Mae tipyn bach o ryw lwch wedi bod gyda ninnau', yw ei ffordd gynnil o godi'r mater hwn mewn llythyr at John Roberts 'Minimus' yn 1831 (LlGC, AMC, Coleg y Bala 1: 629). Gwreiddyn yr helynt oedd diffyg doethineb dau o'i gyd-bregethwyr yn ffurfio 'rhyw gwlwm ansanctaidd o gyfeillgarwch . . . â dyn drwg ei foesau' a oedd yn aelod yn yr eglwys yn Llundain, ond 'yn anghymmeradwy iawn'. Wrth roi lle blaenllaw i'r dyn 'hyf a rhyfygus hwn' ym mywyd yr eglwys, collodd y pregethwyr ymddiriedaeth yr eglwys a chododd gwrthryfel yn eu herbyn. Chwalodd y gynghrair anffodus, a'r gŵr 'hyf a rhyfygus . . . wedi cael ei daflu a'i gorn dano'. Nid oedd yn rhaid i James Hughes drochi'i ddwylo gyda'r helynt, gan mai'r blaenoriaid a lywodraethai mewn achosion o'r fath, ac mae'n ddadlennol ei fod yn troi i'r trydydd person ac yn cyfeirio ato'i hun wrth ei enw barddol wrth nodi ei bellter oddi wrth y frwydr:

> Mae yn dda iawn genyf ddywedyd, na bu gan Iago ddim llaw yn y derfysg hono, yr oedd efe gartref gyda'i gyfieithu, dim ond clywed yr ystorm yn rhüo oddi draw. Ar yr un pryd efe a wyddai yr holl amgylchiadau; a chanddo ei feddwl ei hun ar y mater.

Effeithiau difaol, parhaol anghydfod eglwysig a'i poenai mewn llythyr at John Roberts ddiwedd 1837 (LlGC, AMC, Coleg y Bala 1: 633). Wedi clywed, mae'n debyg, am dderbyn 13 aelod i'r eglwys yn Lerpwl, dywed mai peth anghyffredin yw hynny yn Llundain. Ac o ystyried helynt diweddar, prin y gellid disgwyl hynny. Cynigir dadansoddiad o ddrwg mawr anghydfod eglwysig, ac mae galar y bugail dros gyflwr y praidd yn amlwg:

> Yn yr haf diweddaf hwn, cyfododd gwrthryfel Corah, Dathan ac Abiram yn ein plith ni [cyfeiriad at yr hanes a geir yn Numeri 16]; mor boeth â'r gwrthryfel hwnnw, ac yn llawn mor ddïachos; felly nid rhyfedd ein bod ni heb braidd neb yn troi ei wyneb atom. Mae y derfysg wedi darfod mae yn wir, am byth gobeithio, ond yr ydym oll

yn dra dolurus o hyd, ac yn edrych yn oer a gwgus y naill ar y llall,
yn mhell iawn o garu a mwynâu ein gilydd yn yr Arglwydd. A pheth
sydd waeth, mae y blaid wrthryfelgar yn mhell iawn o gydnabod eu
bai, ac ymostwng am y cyfryw gerbron eu brodyr na cherbron Duw.
Pa ham na ddisgyblir hwy, ebe chwi? Maent yn rhy lïosog, nis gellir
gwneyd hyn heb derfysg eto, gan nad oes ond ychydig heblaw y
blaenoriaid a'r ddau lefarwr, o un ochr, ac agos yr holl eglwys wedi
eu hudo gan ychydig ddynion drygionus, i gymmeryd eu plaid hwy
mewn gwrthryfel. Ni welais i erioed ddim, a mwy o argraff peth
wedi dyfod o'r pwll diwaelod arno, na'r derfysg ddiweddar a gododd
yn ein plith ni . . . Nis gwn am ddim mwy gofidus a dinystriol i
eglwys, nâ therfysg ac anghydfod, cadwodd yr Arglwydd ni yn
rhyfedd rhag hyn am flynyddoedd lawer iawn, ond yn ddiweddar
daeth y gelyn i mewn fel afon, a drwg genyf ddwedyd mai mab
taiogaidd a balch, y diweddar Barch. Eben. Richard, oedd y prif
offeryn a blaenor y terfysg diweddar . . .

Dadleuwyd y byddai gohebiaethau James Hughes yn rhwym o
gael lle mewn detholiad o'i weithiau llenyddol, a bod y pleser y
mae'r darllenydd hwn yn ei gael o'u darllen yn 'bleser llenyddol'.
Rhywbeth argraffiadol a goddrychol yw hynny, ac rwyf wedi
defnyddio ansoddeiriau gwerthfawrogol wrth eu cyflwyno, ond
rwyf am fodloni ar hynny yn hytrach na cheisio profi eu gwerth
ar gyfrif rhyw nodweddion llenyddol arbennig. Braidd yn
ddiargyhoeddiad fu rhai o'n hymdrechion ni i sicrhau statws
canonaidd gweithiau nad oeddent yn rhai ymwybodol 'lenyddol'.
Ystyrier, er enghraifft, y sylw fod cyfrol Robert Jones, Rhos-lan,
Drych yr Amseroedd, yn 'un o is-gampweithiau mwyaf diogel ein
llên' (*Drych yr Amseroedd*, xxvii).

VI
DIWEDDGLO

Ychydig fisoedd cyn ei farw cyhoeddodd Iago Trichrug benillion yn *Y Drysorfa* a oedd yn crynhoi ei ofid a'i obaith. Poeni am golli ysbryd brawdgarwch yn yr eglwysi a wnâi yn 'Cwyn am Gariad Brawdol'. Ceir yma gofnod o'r oerfelgarwch cyfoes, a chydnabyddiaeth mai canlyniad ymosodiad dieflig ydyw heb obaith am wellhad ond trwy ymweliad ysbrydol a golwg o'r newydd ar Grist. Er cynnig yr ateb ysbrydol hwn, cerdd brudd yw hon, a thinc lluddedig, dadrithiedig iddi. Mae'r hen fugail wedi blino, ac yn hiraethu am ddyddiau gwell:

> Do, fe giliodd gwir frawdgarwch,
> Yn ei le daeth oerfelgarwch;
> Trwm yw myned hen gyfeillion,
> Yn estroniaid oer eu calon.
> . . .
> O na welid yr hen ddyddiau,
> A brawdgarwch pur ein tadau!
> O na byddai mwy cynhesrwydd,
> Yn nghalonau plant yr Arglwydd.
> (*Y Drysorfa*, Mai 1844, 132)

Mae profiadau oes wedi eu distyllu i'r llinellau hyn; yr atgofion am y gyfeillach gynnar yn Nhal-sarn a Llangeitho, ac yna'r cyffro cynnar yn Llundain wrth i'r brodyr a'r chwiorydd alltud ganfod ei gilydd a sefydlu achos. Erbyn 1842 roedd yr achos yn Deptford wedi crebachu'n fach iawn; dim ond saith o frodyr ar ôl, meddai mewn llythyr at y Parch. David Roberts, ac yn wir: 'Nid oes ond fy hun yn unig er ys blynyddoedd lawer, ag oedd yn dechreu ein hachos bychan yno, 43 mlynedd yn ol, ac efallai y gwelaf ei ddiwedd hefyd' (LLGC Llsgr 5511B). Ceir yn y llinellau adflas o helyntion diweddar hefyd, cynhennau a rhwygiadau lleol yn arbennig. A phan drown at y gerdd un pennill 'Dedwyddwch y Nef' a gyhoeddwyd yn yr un rhifyn o'r *Drysorfa*, fe'i cawn yn dilyn yr un trywydd. I'r pererin mae'r nefoedd yn rhywbeth i'w chwennych oherwydd ei habsenoldebau – dim pechod nac eiddigedd nac ysbryd beirniadol – ac oherwydd presenoldeb cariad pur a chyson. Dyma Iago Trichrug yn estyn am ei hoff arfau, yr odlau cyrch a'r cytseinedd, am yr un tro olaf hwn, ac yn eu defnyddio mor loyw ac mor bwrpasol ag a wnaeth erioed:

> 'Does yno neb yn pechu,
> Na neb yn llygru'r llall;
> 'Does yno neb yn gweled,
> Na neb yn gwylied, gwall;
> 'Does yno neb yn coledd,
> Rhyw hen eiddigedd ddu;
> Ond pawb yn rhodio'n wastad,
> Mewn ysbryd cariad cu.
>
> (*Y Drysorfa*, Mai 1844, 135)

Bu farw James Hughes yn 65 oed ar 2 Tachwedd 1844. Yn ôl un cofnod fe'i goroeswyd gan ei wraig a chwech o'i blant ac amryw wyrion (*Y Drysorfa*, Ionawr 1845, 25-6). Daeth torf fawr i'w angladd yng nghapel Jewin Crescent; Eryron Gwyllt Walia a ddarllenodd ac a weddïodd, a'r Parch. Owen Thomas a bregethodd. Y Sul canlynol traddodwyd pregethau coffa gan Owen Thomas a'r Parch. William Williams, a gydweithiodd gyhyd gyda James Hughes. Mae'r un cofnod yn dweud iddo ddioddef cystudd am rai misoedd.

*   *   *

Gwaith creadigol yw pob ymgais i ail-greu bywyd llenyddol a diwylliannol o'r gorffennol, ac mae natur y greadigaeth yn cael ei llywio gan faint ac ansawdd y defnydd crai a chan amcanion a safbwyntiau a chrebwyll y crëwr. Mae'r ailgrëwr o feirniad neu hanesydd yn siŵr o adael ei argraff. Dywedwyd wrth gyflwyno'r astudiaeth hon bod iddi gymhelliad cydymdeimladol, ac ni allai hynny beidio â dod i'r amlwg yn y modd yr ymatebwyd i'r mynegiant a roes James Hughes i'w brofiadau mewn cân ac emyn a llythyr ac atgof. (Hyderir, serch hynny, nad oedd yn gydymdeimlad cwbl anghytbwys o anfeirniadol.) Rhaid derbyn nad yr un fydd ymateb y darllenydd gwahanol ei argyhoeddiadau. Cymerer, er enghraifft, yr emyn cyfarwydd, 'Mae enw Crist i bawb o'r saint' (*Llyfr Emynau*, rhif 123). Emyn ydyw a luniwyd ar gyfer cynulleidfa benodol y gwyddai'r awdur am ei hoffterau a'i hanghenion, ac yn wir fe'i cyferchir yn y pennill olaf: 'Gobeithiwch ynddo, bawb o'r saint.' Dau o eiriau allweddol yr emyn yw 'ennaint' a 'Priod'; gellid dangos ffynhonnell y cyfeiriadau i ddarllenydd heb brofiadau James Hughes a'r 'saint', ond nid yw hynny gyfystyr â llawn amgyffred eu harwyddocâd a'u heffaith profiadol.

Un maes y bydd anghytundeb a diffyg dealltwriaeth sylfaenol yn ei gylch yw'r wedd negyddol, gwynfanus ar brofiadau'r 'saint'. Gwelsom James Hughes yn rhoi mynegiant cyson i'r wedd hon yn ei waith, ac fe'i ceir yn yr emyn dan sylw: 'Pan fyddo f'enaid yn y llwch / A thwllwch fel y fagddu.' Nid yw'n anodd rhag-weld y byddai darllenydd gwahanol ei brofiad i mi yn dadlau bod y trywydd hwn yng ngwaith James Hughes yn un enbyd o fewnblyg a hunandosturiol, ac yn dadlau ymhellach bod math arbennig o grefydd yn tueddu i borthi myfyrdodau morbid. Wrth gydnabod bodolaeth y farn honno (ac wrth dderbyn hefyd y feirniadaeth fod hunandosturi afiach yn gallu bod yn rhan o'r profiadau a gofnodir), nid oes rhaid i'r darllenydd cydymdeimladol foesymgrymu iddi, na derbyn ei bod hi'n fwy 'gwrthrychol' na'i farn ef. Rhaid gochel yn hytrach rhag y darlleniad sy'n crebachu'r testun, yn ei gau yn hytrach na'i agor. Yn yr emyn dan sylw pwysleisir mai cyflwr o ddisgwyl adfywiad a dychweliad yw'r cyflwr ymostyngol; mae enw Crist 'yn adfywiol iawn ei rin / I'r enaid blin lluddedig', ac 'Mae dawn a nerth i'm dwyn yn ôl / Yn enw grasol Iesu'; a byddai James Hughes yn sicr am briodoli'r nerth a gafodd i gyflawni cymaint i'r nerth adfywiol a dyrchafol hwn.

Wrth ail-greu bywyd llenyddol unigolyn, cyfrennir at ail-greu cyfnod, trwy gynnig tystiolaeth bellach i gadarnhau'r hyn a ganfuwyd eisoes neu trwy gyfeirio at yr angen am ragor o waith ar yr unigolyn a'i gyfnod a'i gyfryngau. Byddai'n werth pwysleisio rhai o'r ystyriaethau a fu dan sylw. Mae'r llyfryddiaeth o'i weithiau cyhoeddedig a welir ar ddiwedd y gyfrol hon yn croniclo 'bywyd llenyddol' nodweddiadol o gyfnod blodeuo'r cylchgronau Cymraeg, ac yn cynnig enghraifft i ni o'r modd yr hyrwyddir llenyddiaeth gan gyfryngau newydd. Defnyddiai James Hughes ei enw barddol, 'Iago Trichrug' yn aml, a chyfeirio ato'i hun fel 'Iago' yn y trydydd person yn ei lythyrau. Erbyn diwedd y bedwaredd ganrif ar bymtheg troes confensiwn yr enw barddol neu'r *nom de plume* yn destun gwawd yn nofelau Daniel Owen, yng nghymeriad ymhonnus John 'Aelod' Jones yn *Y Dreflan*, neu yng ngeiriau ffraeth Wil Bryan nad oedd 'run dyn o *note* yn myn'd wrth 'i enw 'i hun' yng Nghymru bellach (*Hunangofiant Rhys Lewis*, 412). Ond synhwyrir bod angen myfyrio a chraffu ymhellach ar arwyddocâd seicolegol yr enw barddol yn achos James Hughes ac eraill. Ynghlwm wrth hynny, ac yn annibynnol ar yr ystyriaethau ysbrydol a grybwyllwyd uchod, ystyrier ei ansicrwydd ymddiheurol ynghylch ei grefft fel bardd oherwydd diffyg hyfforddiant bore, a'i ddiffyg dirnadaeth wedyn yn wyneb rhai dylanwadau anffodus. Does dim byd yn annisgwyl yn ei batrymau emynyddol, ond byddai arolwg llawnach o'r dethol a fu ar ei emynau gan olygyddion casgliadau dros ddwy ganrif yn cynnig rhagor o dystiolaeth am y modd y mae chwaeth, mympwy, ffafriaeth a rhagfarn oll yn chwarae eu rhan wrth ffurfio unrhyw ganon llenyddol. Dengys cysylltiadau James Hughes i ni fod trefn deithiol y pregethwyr Methodistaidd yn ffurfio rhwydweithiau a chynghreiriau personol, ysbrydol a llenyddol weithiau; hynny sy'n esbonio'r ffaith mai Lerpwl a Sir y Fflint oedd ei gadarnleoedd ef y tu allan i Lundain. Buaswn i'n gwerthfawrogi gwybod mwy am strwythur a dylanwad y rhwydweithiau hyn. O ran ei waith fel esboniwr, diau nad y pwnc pwysicaf fydd mesur 'gwreiddioldeb' y cynnyrch. Rhith yw gwreiddioldeb yn aml mewn meysydd o'r fath, ac roedd ei gyhoeddwr P. M. Evans yn gywir wrth ddweud yn ei ragair i argraffiad newydd o'r Testament Newydd yn 1846 nad oedd yr un esboniwr Saesneg na fyddai'n mynd 'i mewn i lafur ei ragflaenoriaid'. Cydnabu James Hughes ei ffynonellau a rhoes ei ddirnadaeth ar waith wrth eu defnyddio, gan ychwanegu sylwadau o'i eiddo ei hun. Byddai'n dda dosbarthu'r holl ychwanegiadau, ond rheitiach gwaith fydd ceisio mesur dylanwad ei Esboniad ar arferion darllen a chyneddfau beirniadol ei ddefnyddwyr. Hyd yn oed yn awr byddai modd gwneud gwaith maes perthnasol, a holi rhai sy'n dal i ddefnyddio'r Esboniad, neu'n cofio defnydd helaeth ohono.

Ar sail ei Esboniad a'i emynau y daeth James Hughes yn enw cenedlaethol, ac wrth i'r diddordeb yn y ddeubeth hynny gilio yn ystod yr ugeinfed ganrif roedd hi'n dilyn – chwarae teg i olygydd y *Cydymaith* – y byddai llai o sôn am eu hawdur. Beth am y dyfodol? Hwyrach mai yn y ddau faes arall a gyflwynwyd, ei ysgrifennu hunangofiannol a'i lythyrau, y gwelir ennyn diddordeb newydd yn ei waith, a hynny'n rhan o symudiad a fydd yn gwerthfawrogi rhyddiaith y bedwaredd ganrif ar bymtheg o'r newydd. Bu'r ysgolheigion hynny sy'n aelodau o Adran Diwylliant y Ddeunawfed Ganrif a'r Bedwaredd Ganrif ar Bymtheg (un o adrannau Urdd Graddedigion Prifysgol Cymru) yn trafod agweddau ar y llythyr fel ffurf yn eu cynadleddau blynyddol, ac yn ystyried llunio prosiect ymchwil i fapio'r maes eang hwn yn drylwyr. Enghreifftia gohebiaethau Iago Trichrug gyfoeth y ffurf fel ffynhonnell gwybodaeth ac fel cyfrwng diddanwch llenyddol i'r darllenydd. Yn ddi-os, y cam nesaf tuag at adferiad y gŵr amryddawn, amrywiol ei hwyliau a'i gyfryngau a drafodwyd yn y gyfrol hon fydd paratoi detholiad o'i farddoniaeth a'i ryddiaith; mae llên y llenor hwn ar ei orau yn sicr yn galw am hynny.

BYRFODDAU

Bywg.   *Y Bywgraffiadur Cymreig hyd 1940* (Llundain, 1953)

LLGC Llsgr. Llawysgrif yn Llyfrgell Genedlaethol Cymru

LLGC, AMC Archifau'r Methodistiaid Calfinaidd yn Llyfrgell Genedlaethol Cymru

LLYFRYDDIAETH

1. Gweithiau James Hughes 'Iago Trichrug'
Gwaith ar y gweill sydd yma ac ni honnir bod yma lyfryddiaeth gyflawn;
yn ogystal â'r enw barddol 'swyddogol' a'i enw priod ei hun, defnyddiai
James Hughes y ffurfiau 'J. H.', 'I. H.' a 'Iago'. Roedd mwy nag un 'J. H.'
a mwy nag un 'Iago' yn cyhoeddi yn y cylchgronau. Cynhwysir y cerddi
a'r gweithiau rhyddiaith hynny y gellir bod yn lled sicr mai James
Hughes a'u lluniodd ar sail y ffaith iddo ychwanegu enw lle at enw'r
awdur – Deptford gan amlaf – neu ar sail tystiolaeth fewnol y
gweithiau. Ni chynhwysir yma lythyrau argyhoeddiedig James Hughes
at unigolion, ond nodir y cerddi a geir yn y llythyrau hynny.

1819:

Barddoniaeth
'Englynion yr Aipht a Gosen', *Seren Gomer*, 7 Ebrill 1819, 112
'Cyfieithiad o'r Hymn a elwir Paradox, o waith J. Hart', 7 Ebrill
1819, 112
'Dioddefaint Mab Duw, mewn ffordd o all-eiriad byr o Esay liii.', *Seren
Gomer*, 19 Mai 1819, 159
'Anerchiad i'r Cymreigyddion, Llundain', *Seren Gomer*, 30 Mehefin 1819,
204-5; gw. hefyd LLGC Llsgr. 5510A 'Iago Trichrug a'i cant, 1818'
'Beddargraff Bardd Môn', *James Hughes, sef Cyfrol Goffa*, 422, ac 'Arall',
423. [Bu farw William Jones, Bardd Môn yn 40 oed yn Stockwell,
Surrey, ar 28 Gorffennaf 1819]
'Cyfieithiad o Linellau Saesneg yn *Seren Gomer* (Rhifyn 38)', *Seren
Gomer*, 8 Medi 1819, 280
'Dau Benill i Seren Gomer', 29 Rhagfyr 1819, 409.

Rhyddiaith
Llythyr wrth gyflwyno englynion, *Seren Gomer*, 19 Mai 1819, 159
'Cybydd-dod (cyfieithiad o'r *Country Magazine*), *Seren Gomer*, 25 Awst
1819, 260-1
Llythyr (gan Iago Tri-chrug, Deptford) yn ateb 'Shencyn ap Tydfil' ac yn
amddiffyn 'I.L.' a'r Trefnyddion Calfinaidd, *Seren Gomer*, 8 Medi
1819, 278-9

1820:

Barddoniaeth
'Fflangell y Cybyddion' (cân newydd wirioneddol), *Seren Gomer*, Ionawr
1820, 23-4
Tri englyn gan Iago Tri-chrug ar ddiwedd pregeth ar achlysur
marwolaeth Sior III a'i fab y Dug Caint, *Seren Gomer*, Ebrill 1820,
104-5
'Englynion &c' (gyda nodyn rhagymadroddol), *Goleuad Gwynedd*, Mai
1820, 303-4
'Pennillion a brydwyd pan oedd y Parchedig Iohn Davies, Nantglyn, yn
dyfod i Lundain', [Iago Tri-chrug, Deptford, gerllaw Llundain],
Goleuad Gwynedd, Mai 1820, 304
'Cynnadliad 1' [rhwng Idrison a Iago], *Seren Gomer*, Awst 1820, 242
'Cyfieithiad o Linellau Saesonaeg, a ysgrifenwyd ar ystôl-gadair y
byddai y Parch George Whitefield yn arfer eistedd arni . . .', *Seren
Gomer*, Awst 1820, 244
'Cynnadliad II', *Seren Gomer*, Hydref 1820, 315
'Englyn i Anffawd', *Seren Gomer*, Tachwedd 1820, 344
'Cynnadliad III', *Seren Gomer*, Rhagfyr 1820, 379

Rhyddiaith
Llythyr at Thomas Jones, Dinbych (arwyddwyd 'James Hughes,
Deptford, Mai 11eg, 1820') yn *Cofiant, neu Hanes bywyd a
marwolaeth y Parch. Thomas Jones, Gweinidog yr Efengyl, yn
ddiweddar o dref Dinbych*, gol. John Humphreys a John Roberts
(Dinbych: Thomas Gee, 1820), 101-5
'Sylwedd Pregeth a draddodwyd gan I.H. yn addoldy Cymraeg y Rhes
Anial, Llundain, prydnawn Sabath Chwef. 6, 1820: ar yr achlysur
galarus o farwolaeth ei ddiweddar fawrhydi Sior III a'i fab, y Dug
Caint', *Seren Gomer*, Ebrill 1820, 104-5
Llythyr yn awgrymu ailenwi *Goleuad Gwynedd* yn *Goleuad Cymru* ac
yn cyflwyno englynion, *Goleuad Gwynedd*, Mai 1820, 303
'Llwyddiant Ysbrydol [cyfieithiad o *'Buck's Theol. Dict.*]', *Seren Gomer*,
Mehefin 1820, 178-9
'Dydd-lyfr Eglwyswr Tlawd, o Swydd –' (cyfieithiad), *Seren Gomer*,
Hydref 1820, 303-4

1821:

Barddoniaeth
'Cynnadliad IV', *Seren Gomer*, Ionawr 1821, 22
'Cynnadliad V', *Seren Gomer*, Chwefror 1821, 54-5
'Gobaith' (cyfieithiad), *Seren Gomer*, Mawrth 1821, 86
'Cynnadliad VI', *Seren Gomer*, Mawrth 1821, 87
'Cynnadliad VII', *Seren Gomer*, Ebrill 1821, 118

JAMES HUGHES

'Mawredd y Messiah', 'mydriad o Hebreaid, pennod 1, ar y Gyhydedd Wèn', *Seren Gomer*, Mai 1821, 150-1; gw. hefyd 'Mawredd y Messiah, Sef, Alleiriad mydrawl o Hebreaid y Bennod 1', *Goleuad Gwynedd*, Awst 1821, 217-18. ['IAGO TRI-CHRUG a ganai hyn ar fesur Coll Gwynfa']

'Cynnadliad VIII', *Seren Gomer*, Awst 1821, 246

'Englynion y Bugail', *Goleuad Cymru*, Tachwedd 1821, 296 (ar yr un tud. Ceir 'Englyn i'r Rhodd Mam', [I.H.], *Goleuad Cymru*, Tachwedd 1821, 296

'Cynnadliad IX', *Seren Gomer*, Rhagfyr 1821

'Cymreigiad o Gathl Saesonaeg, 7.6. (gwel Lyfr Cathlau y Bendefiges Huntingdon, tu dal. 235)', 'Molwch Dduw, sy Frenin fry', *Goleuad Cymru*, Rhagfyr 1821', 308-9 [Iago Tri-chrug, Deptford, gyda sylwadau am grefft llunio emynau.]

'Pennillion' (J. H.), *The Cambro-Briton*, November, 1821, 49 [tri hen bennill wedi eu hatgynhyrchu ar batrwm orgraff W. O. Pughe]

Rhyddiaith

'Benyw yn ofni yr Arglwydd, Sylwedd Pregeth a draddodwyd ar farwolaeth gwraig dduwiol . . . ', *Seren Gomer*, Mawrth 1821, 67-9

'Sylwedd Pregeth ar Marc VI.3 y rhan flaenaf', *Goleuad Cymru*, Hydref 1821, 254-6

'Chwedl am Dafydd Brenin Israel' (cyfieithiad), *Goleuad Cymru*, Tachwedd 1821, 282-3

1822:

Barddoniaeth

'Anerchiad y Pedolwr i Thos. Jones, y Bardd, Llynlleifiad', *Seren Gomer*, Ebrill 1822, 117. [Cerdd ddienw ond awgryma'r cyfeiriadau at yr awdur fel gof mai James Hughes a'i lluniodd.]

Englynion coffa Dafydd Ddu Eryri gyda chyflwyniad iddynt, *Seren Gomer*, Mehefin 1822, 182-3

'Pennill ar y Gyhydedd Hir; Dosbarth Morganwg', *Goleuad Cymru*, Mehefin 1822, 456

'Y Bardd: Cyfieithiad (arall) o Awdl Saesoneg Gray', gyda llythyr cyflwyniad, *Seren Gomer*, Gorffennaf 1822, 214-16

'Cariad Duw' ('Cyfieithiad o'r Gân Saesoneg a archwyd gan FLINTENSIS, Rhif 43, t.d. 425'), *Goleuad Cymru*, Awst 1822, 499

Rhyddiaith

'Tuedd beryglus yr athrawiaeth o berffeithrwydd dibechod . . . Darn o lythyr Mr. Newton', *Goleuad Cymru*, Mehefin 1822, 444

'Mawredd a Chwymp Samson', *Goleuad Cymru*, Awst 1822, 490-1

LLÊN Y LLENOR

1823:

Barddoniaeth

'Englynion y Ffon Bengam', *Seren Gomer*, Chwefror 1823, 56

'Cynnadliad X rhwng Iago Trichrug ac Idrison', *Seren Gomer*, Ebrill 1823, 115-16 [Un pennill gan Iago Trichrug]

'Cathl, (*Hymn*) ar Datguddiad 11:19' ('Agorwyd teml yr Arglwydd yn y nef'), *Y Drysorfa*, Gorffennaf 1823, 57-8; argraffwyd hefyd ar daflen gan E. Delahoy, Greenwich, d.d.

'Calfaria ar Gyfer Sinai', *Goleuad Cymru*, Tachwedd 1823, 259

'Erfyniad am lwyddiant yr Efengyl, sef Hymn i'r Ysgol sabbothawl, gan un o'i Hathrawon', *Goleuad Cymru*, Mai 1823, 113

'Cyfieithiad o linellau Saes'neg a gyfansoddwyd ar eiriau diweddaf W. Blair, Yswain . . .', *Goleuad Cymru*, Mai 1823, 113-14

'Archoffeiriad Mawr', *Goleuad Cymru*, Awst 1823, 187

'Cynghor i Frawd Adfydus', *Goleuad Cymru*, Mehefin 1823, 137

Dau englyn mewn llythyr at William Owen Pughe, 'Idrison', 6 Awst 1823 (Y naill i Idrison, y llall i ddiolch i'r Bardd Cloff am fenthyg march) LLGC Llsgr 13263C

'Y Mor Coch yn Faes Celanedd. Neu ddymchweliad yr Aifftiaid yn y Mor Coch: cywydd ar destun Eisteddfod Gwent, Medi 1822', *Seren Gomer*, Medi 1823, 278-81

1824:

Barddoniaeth

'Ystyriaethau mewn Trallod' (awdl ar y pedwar mesur ar ugain), *Seren Gomer*, Medi 1824, 378-9

'Hiraeth yr Afradlon am Dy ei Dad (Luc xv:16-17)', *Goleuad Cymru*, Ionawr 1824, 308

'Adferiad Torwr Sabboth neu Hanes Boddhaol am Dafydd Sion' (cyfieithiad Iago Tri-chrug), *Y Gwyliedydd*, Mai 1824, 156-7; Mehefin, 186-7

'Pennill ar natur prynedigaeth', *Goleuad Cymru*, Gorffennaf 1824, 352

'Englynion coffa, am y diweddar Barch. Evan Richards o Gaer-yn-arfon', *Goleuad Cymru*, Awst 1824, 473

Englyn mewn llythyr at William Owen Pughe, 22 Rhagfyr 1824, LLGC Llsgr 13263C

Rhyddiaith

Y Swpper Sanctaidd: neu Dirgelwch Swpper yr Arglwydd wedi ei egluro yn fyr gan Thomas Watson ac wedi ei Gymreigio er budd i gymunwyr Cymreig o bob enw (Llynlleifiad: Nevetts, 1824) [Yn cynnwys rhagymadrodd y cyfieithydd, tt. 5-7]

Llythyr, 'Prynu y Bendithion', *Goleuad Cymru*, Gorffennaf 1824, 448-51

Llythyr, 'Doniau y Cymry', *Goleuad Cymru*, Awst 1824, 466

'Ychydig hanes am Jane Davies, Genethig a fu farw yn 5 oed', *Goleuad Cymru*, Hydref 1824, 511-13

1825:

Barddoniaeth

'Atebiad i ofyniad Anneallgar . . . am golledigaeth Paganiaid', *Goleuad Cymru*, Ebrill 1825, 83-4

'Englynion: Gwaith a Llwydd y Gwyliedydd', *Y Gwyliedydd*, Mai 1825, 154

'Edwinedd Einioes' (cyfieithiad o hen gân Saesneg dros gant oed), *Goleuad Cymru*, Gorffennaf 1825, 160-1; *Y Gwyliedydd*, Gorffennaf 1825, 221-2

'Rhyddfreiniad y Pabyddion' (cyf.), *Y Gwyliedydd*, Awst 1825, 253

'Cyfarch Hen Gyfeillion', *Goleuad Cymru*, Medi 1825, 210 (Iago Tri-chrug a'i canodd llwrw ei ben yn ddiragfyfyr, wrth ysgrifaw at ei chwaer)

'Y Bedd' gan Blair, Cyfieithiad odd y Saesnaeg gan Iago Tri-chrug, *Seren Gomer*, Chwefror 1825, 56-7 [Anfonwyd mewn llythyr at W.O. Pughe, 18 Medi 1823]

Englyn mewn llythyr at Robert Owen, 'Eryron Gwyllt Walia' [1825?] yn cwyno am wallau argraffu yn ei gyfieithiad o gerdd gan Blair a ymddangosodd yn *Seren Gomer*, Griffith Parry (gol.), *Cofiant a Gweithiau y Parch. Robert Owen, Eryron Gwyllt Walia*, Manchester, 1880, 273

Englynion (1+3) mewn llythyr at Robert Owen, 'Maihavhin 8ved, 1825', *Cofiant a Gweithiau Eryron*, 326-7

Englynion a phenillion mewn llythyr at 'Dear Relative', *James Hughes sef Cyfrol Goffa*, 229-31

Cerdd yn annerch Robert Jones mewn llythyr dyddiedig 13 Rhagfyr 1825 (LLGC Llsgr 5511C)

Rhyddiaith

'Gofyniadau: Castell Cilcenin yng Ngheredigion', *Y Gwyliedydd*, Awst 1825, 247-8 [Llythyr gan Iago Trichrug yn holi am hanes 'yr hen gastell uchod']

Llythyr gan I. H. yn ateb gofyniad ar Galatiaid 3:24, *Goleuad Cymru*, Hydref 1825, 224-6

[Yn 1825 hefyd y lluniodd ei ysgrif hunangofiannol; gweler o dan 1868 isod]

1826:

Barddoniaeth

'Emyn (cyf.) Seiliedig ar Eseia 63:1-5', *Y Gwyliedydd*, Chwefror 1826, 61

'Englyn i'r teithiwr', *Goleuad Cymru*, Gorffennaf 1826, 449 ('Iago Trichrug, ar ei daith o Wrecsam i Gaerlleon, Ebrill 4, 1826')

'Ac Efe yw Pen Corph yr Eglwys', *Goleuad Cymru*, Awst 1826, 473 [un pennill, 'Priod mawr a phen yr eglwys']
'Englyn' (Cysur mawr yn awr i mi . . .), *Y Gwyliedydd*, Hydref 1826, 316
'Enw'r Oen', *Y Gwyliedydd*, Rhagfyr 1826, 376
Englyn yn annog rhoddion i Gronfa Adeiladu Jewin; dyfynnir yn Gomer M. Roberts, *Y Ddinas Gadarn*, 55

Rhyddiaith

'Attebiad i ddau holiad . . . ynghylch yr Oruchwyliaeth newydd', *Goleuad Cymru*, Mai 1826, 394-5
'Y Cyferbyniad' (cyf.) (Deptford, 25 Mai 1826), *James Hughes*, 286-7
'Attebiad i ofyniad . . . ar Diar. xiii. 23', *Goleuad Cymru*, Mehefin 1826, 414
'Attebiad i ofyniad . . . am gysondeb Math viii:5 a Luc vii:3', *Goleuad Cymru*, Mehefin 1826, 415
Llythyr yn cyflwyno dwy bregeth o eiddo 'yr enwog R. Roberts' a oedd 'wedi eu hysgrifaw gan Mrs Jones, Rosemary Lane, Llundain', *Goleuad Cymru*, Hydref 1826, 510-13
'Casgliad o brofwydoliaethau perthynol i alwad yr Iuddewon, a'r gogoniant a vydd yn y dyddiau diweddav, gan ryw Edward Bagshaw, 1670' ('Cyvieithid ac adysgrivid yn nhŷ Mr. John Jones, Dilledydd, Heol yr Ysgubor Ddegwm, Llynlleiviad, Hydref 23, 1824'), *Goleuad Cymru*, Hydref 1826, 513-14

1827:

Barddoniaeth
'Anerch i Ieuenctid Cymru', [J.H. D-D], yn *Cofiant Byr o Fuchedd a Marwolaeth Thomas Davies, o'r Tir Newydd* (J. Jones, Llundain, 1827) [Awgrymir mai James Hughes oedd golygydd y gyfrol ac awdur y cofiant]

1828:

Barddoniaeth
'Cyfieithiad o Emyn Saesoneg' ('Ar air fy Iesu mâd . . .'), *Goleuad Cymru*, Ebrill 1828, 368-9
'Emyn y Coroniad', *Goleuad Cymru*, Ebrill 1828, 374
'Cread Dyn', *Goleuad Cymru*, Gorffennaf 1828, 451
'Emyn, Golwg o ddyffryn trallod ar wlad yr addewid', *Goleuad Cymru*, Gorffennaf 1828, 451
'Y Cyvlwr Priodasol' (cyv. J. H.), *Y Gwyliedydd*, Gorffennaf 1828, 220
'Deisyfiad y Credadyn' (O na byddai cariad Iesu . . .), *Goleuad Cymru*, Awst 1828, 468
'Beddargraff dwy chwaer ieuaingc', *Goleuad Cymru*, Awst 1828, 496
'Emyn' ('Cyduned Seion lân'), *Goleuad Cymru*, Awst 1828, 496

JAMES HUGHES

'Tywyllwch' ('cyvieithiad Tri-chrug'), *Y Gwyliedydd*, Awst 1828, 251-3
'Atteb i Ofyniad Ieuan Lewis', *Seren Gomer*, Tachwedd 1828, 338-9 [Ar ffurf pennill gan 'Tri-chrug Aeron')

Rhyddiaith
'Hanes Byr, o ddechreu a pharaâd y Trefnyddion Calfinaidd, yn Deptford, ger llaw Llundain', *Goleuad Cymru*, Mai 1828, 393-6
'Syndod yr Estron' (cyfieithiad), *Y Gwyliedydd*, Mai 1828, 144-8
Llythyr yn cyflwyno marwnad y Parch Dafydd Parry gan D. E. Morris, *Goleuad Cymru*, Gorffennaf 1828, 450
'Cyfansoddi Emynau', *Goleuad Cymru*, Awst 1828, 467-8
'Cydmhariaeaeth (*sic*) Samson', *Goleuad Cymru*, Medi 1828, 484-5
'Awyddfryd ac Anoddefiant Pabyddawl' (cyfieithiad o'r *Christian Guardian*), *Y Gwyliedydd*, Tachwedd 1828, 341-2
'Eglurhad ar Esay 1.30' (Cyfieithiad o Lowth), *Y Gwyliedydd*, Rhagfyr 1828, 356

1829:

Barddoniaeth
'Englyn a wnaed ar y ffordd o Wrexham i Gaerlleon, Tachwedd 22, 1828', *Goleuad Cymru*, Ionawr 1829, 26 [gan 'J. H.' Awduraeth ansicr]
Englynion: 'Dwrdiad Brawdol i gyfaill yn y Weinidogaeth', *Y Gwyliedydd*, Chwefror 1829, 57-8
'Englynion a wnaed wedi bod yn gweld yr aneirif luniau sydd yn y Royal Academy, Somerset House, Llundain', *Y Gwyliedydd*, Mawrth 1829, 89
'Pob Peth yn Cydweithio er daioni', *Y Gwyliedydd*, Ebrill 1829, 122 (gan Tri-chrug)
'Llwyddiant yr Efengyl', *Goleuad Cymru*, Hydref 1829, 312 ('y tri phennill cyntaf a gân Iago Trichrug; a'r gweddill gan Minimus')
'Pennill, 'Pryf ydyw Iago . . .' mewn llythyr at John Jones, Castle St, Liverpool, Mai 1829, *Cylchgrawn Hanes y Methodistiaid Calfinaidd*, Rhagfyr 1941,117

1830:

Barddoniaeth
'Marwnad . . . Y Diweddar Barch John Lewis o Lundain, yr hwn a fu farw Tachwedd y 13eg 1829, yn 54 ml oed wedi pregethu yr efengyl 20 mlynedd', *Goleuad Cymru*, Chwefror 1830, 57-8
'Cwyn Caradog' (gan Caradog), *Goleuad Cymru*, Gorffennaf 1830, 218-19
'Penodlig' (*Acrostic*), *Y Cymro*, Awst 1830, 128
'Y Dydd Olaf a'r Farn Derfynol', *Y Cymro*, Medi 1830, 142

LLÊN Y LLENOR

Rhyddiaith

'Cofiant Byr am y Parch. John Lewis o Lundain', *Goleuad Cymru*,
Chwefror 1830, 33-7; Mawrth 1830, 65-8

'Hanes Byr am Ystrad Fflur, neu'r Hen Fynachlog, yn Ngheredigion'
('cyfieithad o hanes Taith y Parch J. Evans trwy Ddeheubarth
Cymru'), *Y Cymro*, Hydref 1830, 148-9

'Cynghorion i Wragedd Priod (o'r *American Farmer*)', *Y Cymro*, Hydref
1830, 149-50

1831:

Barddoniaeth

'Deisyfiadau y Pererin', *Y Drysorfa*, Awst 1831, 256; *Y Cymro*, Gorffennaf
1831, 112

'Jubili yr Ysgol Sabbothawl', *Y Cymro*, Hydref 1831, 160

1832:

Barddoniaeth

'Emynau Jubili yr Ysgol Sabbothol', *Y Drysorfa*, Ionawr 1832, 31

Penillion mewn llythyr at y Parch John Foulkes, Llanelidan, 5 Medi
1832, 'A dweyd y gwir rwy'n ofni'r daith . . .' (LLGC, AMC 27533)

Rhyddiaith

'Jubili yr Ysgol Sabbathawl, yn Nghapel y Trefnyddion Calfinaidd
Cymreig, yn Llundain', *Y Drysorfa*, Ionawr 1832, 26

1833:

Barddoniaeth

'Gweddi yr Arglwydd', *Y Gwyliedydd*, Medi 1833, 282

'Y Ddau Gyfamod', *Y Drysorfa*, Hydref 1833, 320

'Marwolaeth y Parch. Rowland Hill' (cyfieithiad o Jeffreys), *Y Drysorfa*,
Hydref 1833, 320

1834:

Barddoniaeth

'Caniad ar Salm VI.2' (cyf.), *Y Drysorfa*, Ionawr 1834, 22-3

1835:

Barddoniaeth

'Emyn i Blant yr Ysgol Sabbathol', *Y Drysorfa*, Chwefror 1835, 64

'Y Pererin ar Hyd Nos', *Y Drysorfa*, Awst 1835, 256

'Gorphenwyd', *Y Drysorfa*, Medi 1835, 286-7

'Deisyfiad y Credadyn' ac englyn cyfarch y Parch J. Prydderch o Fôn,
Y Drysorfa, Tachwedd 1835, 350-1

Cywydd Cyfarch Robert Hughes (Llundain 1835) yn *Hunan-gofiant* . . . *y diweddar Barch. Robert Hughes, Uwchlaw'r ffynnon* (Pwllheli, 1893) 179

Rhyddiaith

Y Testament Newydd, gyda Nodau Eglurhaol Ar bob Adnod, wedi eu detholi, a'u cyfieithu i'r Gymraeg gan y Parch. James Hughes (Cyfrol 1 a 2) (Yr Wyddgrug: J. Lloyd, 1835) [Cyhoeddwyd yn rhannau rhwng 1829 a 1835]

'Sylwedd pregeth a draddodwyd yng nghapel Bedford Street, Liverpool . . .', *Y Pregethwr*, Ebrill 1835, 52-6

'Morwyr yn Tori y Sabath', *Y Drysorfa*, Awst 1835, 229-31 (yn cynnwys gohebiaeth rhyngddo a 'fy anwyl frawd ieuanc')

'Y Purwr Arian' ('cyfieithiad Iago'), *Y Drysorfa*, Awst 835, 231

'Sylwedd pregeth a draddodwyd yng nghapel y Trefnyddion Calfinaidd yn Llundain . . .', *Y Pregethwr*, Rhagfyr 1835, 167-71

1836:

'Englyn Coffa Ann Roberts, chwaer y Parch John Roberts, Llangwm', *Y Drysorfa*, Chwefror 1836, 64

'Englynion i'r Parch. Thomas Elias (Bardd Coch) ar ei ddyfodiad i Lundain, Gorph, 1836' (Iago a'i cânt i'r Bardd Coch o Gantref Buallt), *Y Drysorfa*, Tachwedd 1836, 352

Pennill mewn llythyr at 'Annwyl Frodyr', Medi 19, 1836, Llawysgrif Bangor, 16

1837:

Barddoniaeth

'Aberth Iesu', *Y Drysorfa*, Mai 1837, 160

Rhyddiaith

Llythyr yn galw am gyhoeddi 'Gweddillion yr Hynafiaid' yn *Y Drysorfa* ac yn amgau cyfieithiad o hen lythyr gan Daniel Rowland, *Y Drysorfa*, Mehefin 1837, 183

1838:

Barddoniaeth

Englyn, 'Blys yw y blas i win . . .', *Y Drysorfa*, Chwefror 1838, 64

Englyn ('Darllenwch, chwiliwch uchelion – y gair') ar ddiwedd 'Rhagymadrodd y Detholydd' yn *Yr Hen Destament* isod

Rhyddiaith

Yr Hen Destament, gyda Nodau Eglurhaol Ar bob Adnod, wedi eu detholi, a'u cyfieithu i'r Gymraeg, Cyfrol 1 (Treffynnon: Lloyd ac Evans, 1838)

1839:

Barddoniaeth

'Carol Nadolig' yn *Eos-lais, sef casgliad o ganiadau ysbrydol a moesol* (argraffiad newydd, Caerfyrddin, William Jenkins, 1839), 79-82

'Un-ar-bymtheg a Deugain o anghenion Plant Seion, oll yn cael eu diwallu o Lygad y Ffynnon' ('a gyfieithwyd o'r Saesoneg') yn *Eos-lais*, 82-4

'Penillion a gyfansoddwyd ar farwolaeth Mrs Sarah Roberts, diweddar ac anwyl briod Mr John Roberts, Llynlleifiad; yr hon a ymadawodd â'r byd hwn Medi 25, 1838, yn 31 mlwydd oed. (18 pennill ac un englyn, 'Bedd-argraff'), *Y Drysorfa*, Chwefror 1839, 63-4

'Marwnad Mr George Williams', *Y Drysorfa*, Mehefin 1839, 198-9

'Hynt y Cenhadon Cymreig', *Y Drysorfa*, Awst 1839, 255

Rhyddiaith

'Buchedd a Marwolaeth y diweddar Mr George Williams, Blaenor yn Eglwys y Trefnyddion Calfinaidd, Tŷ Ddewi, Dyfed, yr hwn a fu farw Tachwedd y 3ydd, 1838', *Y Drysorfa*, Mehefin 1839, 194-9

'Cynllun o lythyr a ysgrifenwyd gan y diweddar Mr George Williams, Tŷ ddewi, ychydig ddyddiau cyn ei farw, at y Parch. Thomas Richard, Abergwaun' (cyflwynir gan Iago), *Y Drysorfa*, Awst 1839, 232-3

'Cofiant am y Diweddar John Morgan, Ysw, Meddyg', *Y Drysorfa*, Hydref 1839, 289-91

1840

Rhyddiaith

Yr Hen Destament, gyda Nodau Eglurhaol Ar bob Adnod, wedi eu detholi, a'u cyfieithu i'r Gymraeg, Cyfrol 2 (Treffynnon: Lloyd ac Evans, 1840)

1841:

Barddoniaeth

'Penillion ar y Don Hanover' (fel rhan o lythyr, gyda chyflwyniad), *Y Drysorfa*, Ionawr 1841, 29-30; ('Cyflawnder didrai sy'n Iesu o hyd . . .')

'Llais Duw' (cyf. Iago), *Y Drysorfa*, Ionawr 1841, 30

'Ymson ar Foreugodi' ('cyf. O Saesonaeg Hannah More'), *Yr Athraw* (Llanidloes), Mai 1841, 119

Dau englyn coffa i John Elias yn William Williams, Talgarth, *Marwnad er Coffadwriaeth am y Diweddar John Elias o Fôn* (Crughywel: T. Williams [1841]), 12

Englyn 'Diogwydd ydyw Iago' mewn llythyr at John Roberts, LLGC, AMC, Coleg y Bala 1: 635

Pennill, 'Preswylia di o Dad' mewn llythyr at John Roberts, 23 Mawrth 1841, LLGC, AMC, Coleg y Bala 1: 636

JAMES HUGHES

1842:

Barddoniaeth

Pennill a rhigwm mewn llythyr at y Parch. David Roberts, Abertawe, 12 Ebrill, 1842, LLGC Llsgr 5511B

'Dywedodd wrthyf yn fy ngwaed, bydd fyw', *Y Drysorfa*, Medi 1842, 281

Penillion cyfarch y Parch. David Roberts, a Miss Mary Price, *Y Drysorfa*, Hydref 1842, 317-18 (gw. hefyd LLGC Llsgr 5511C, rhif 6)

'Englyn i'r Annuwiol Rhyfygus', *Y Drysorfa*, Medi 1842, 281

'Englynion i ail Athrofa Trefecca, ar ei hagoriad, Hydref 7fed, 1842', *Y Drysorfa*, Tachwedd 1842, 365

Rhyddiaith

Yr Hen Destament, gyda Nodau Eglurhaol Ar bob Adnod, wedi eu detholi, a'u cyfieithu i'r Gymraeg, Cyfrol 3 (Treffynnon: P. M. Evans, 1842)

'Cofiant Byr am y Ddiweddar Miss Elizabeth Davies, Llundain', *Y Drysorfa*, Chwefror 1842, 42-3

1843:

Barddoniaeth

'Y Nos Ystormus', 'Rhydd Gyfieithiad o Linellau Saesonig Sarah Jones', *Y Drysorfa*, Mai 1843, 148

'Ein Iesu Ni', *Amserau*, 5 Mehefin 1843

Rhyddiaith

Yr Hen Destament, gyda Nodau Eglurhaol Ar bob Adnod, wedi eu detholi, a'u cyfieithu i'r Gymraeg, Cyfrol 4 (Treffynnon: P. M. Evans, 1843)

Llythyr yn nodi marwolaeth gweddw John Morgan, *Y Drysorfa*, Mehefin 1843, 192

1844:

Barddoniaeth

'Cwyn am Gariad Brawdol', *Y Drysorfa*, Mai 1844, 132

'Dedwyddwch y Nef', *Y Drysorfa*, Mai 1844, 135

1845:

Rhyddiaith

'Pregeth y Diweddar barch. James Hughes, Llundain' (Luc 24:32), *Y Drysorfa*, Mai 1845, 129-31

'Cofion o Bregeth y Diweddar Barch. James Hughes, Llundain, a bregethwyd yn Nghapel Pall Mall, Liverpool, yn y fl. 1829' (Salm 84:11), *Y Drysorfa*, Tachwedd 1845, 321-3

LLÊN Y LLENOR

1846:

Rhyddiaith

Llythyr 'at y Brodyr a'r Chwiorydd oll yn Liverpool, yn enwedig y'nghapel Bedford Street' [lluniwyd Ionawr 1837], *Y Drysorfa*, Mehefin 1846, 176-7

Y Testament Newydd . . . gyda chyfeiriadau Ysgrythurol, ac Esboniad, Ail argraffiad, gydag ychwanegiadau a diwygiadau (Treffynnon: P. M. Evans, 1846)

1847:

Rhyddiaith

Rhan o lythyr oddi wrth y Parch. James Hughes, Llundain, at David Jones, Llangeitho, *Y Geiniogwerth*, 1847, 185-7

'Pregeth a draddodwyd yn Liverpool, yn y flwyddyn 1836, gan y diweddar Barch. James Hughes, Llundain, *Y Drysorfa*, Chwefror 1847, 37-40

1848:

Rhyddiaith

Llythyr oddi wrth y Parch. James Hughes, Llundain, at Mr. Daniel Jones, Llangeitho [Dyddiwyd y llythyr 13 Medi 1837], *Y Geiniogwerth*, 1848, 36-8

Yr Hen Destament, gyda Nodau Eglurhaol Ar bob Adnod, wedi eu detholi, a'u cyfieithu i'r Gymraeg, Cyfrol 5 (Treffynnon: P. M. Evans, 1848) [Gorffennwyd y gyfrol hon gan Mr John Jones]

'Nodiadau Pregeth gan y diweddar Barch. James Hughes', *Y Drysorfa*, Mehefin 1848, 177

1849:

Rhyddiaith

Llythyr oddi wrth y Parch. James Hughes, Llundain, at y Parch. Moses Jones, Dinas, *Y Geiniogwerth*, 1849, 10-15

'Sylwedd Pregeth a draddodwyd gan y Diweddar Barch. James Hughes, Llundain, yn nghapel Jewin Crescent, Mehefin 25, 1843' (Eseia 53), *Y Drysorfa*, Chwefror 1849, 37-9

1857:

Barddoniaeth

'Cyfarchiadau i Mr Edward Jones, gan y diweddar Barch. James Hughes, Llundain', *Caniadau Maes y Plwm* (Treffynnon: P. M. Evans, 1857), vii-viii

JAMES HUGHES

1868:

<u>Rhyddiaith</u>

' Buchedd-draeth, neu ychydig o hanes genedigaeth a bywyd Iago
Trichrug, a ysgrifiwyd ganddo ei hun, yn y flwyddyn 1825, pan yn 45
oed', *Y Cylchgrawn*, 1868, 124-6; 154-8; 204-7; 227-30

**Cerddi na lwyddwyd i'w dyddio a gynhwyswyd yn J. E. Davies,
*James Hughes sef Cyfrol Goffa***

Cân hunangofiannol ddienw ('Ar lan Aeron, yn mhlwyf Ciliau'), 327-8
'Englyn i'r Gwyliedydd', 348
'Englyn, Gofyniad er Hyfforddiad', 354
'Bwa y Cwmwl' (cyf.), 355
'O Fryniau Rhewllyd Gwerddon' (cyf.), 355-6
'Englyn, Marwolaeth Mrs Stephens', 364
'Englyn Annerch Dewi Wyn yn ei bruddglwyfni', 364
'Englyn, Y Prynedigaeth', 365
'Penillion Annerch i Hannah Jones, priod y Parch Moses Jones', 366-8
'Englynion i Bechadur', 369
'Cywydd Annerch i Eryron Gwyllt Walia', 369-73; gw. hefyd *Cofiant a
Gweithiau Eryron*, 291-3
'Diolch am y Llyfr Gweddi, yr hwn a gafodd yn anrheg gan y Parchedig
John Robert Williams, Periglor yr Eglwys Gymreig yn Ely Place,
Holborn, Llundain', 373-4
'A Ddichon fod arnat Afiechyd?', 380
'Beddargraff Geo. Williams', 393
'Rhagorol olud ei ras ef', 424-5
'Evan Richardson, Caernarfon', 425

2. Gweithiau y cyfeiriwyd atynt

Ackroyd, Peter, *London: The Biography* (Llundain: Vintage, 2001)

Yr Awenydd: sef Blodeu-gerdd Newydd (Caernarfon: Peter Evans, [d.d.])

Bardd Pengwern, gol. Siwan M. Rosser ([Abertawe]: Cyhoeddiadau
Barddas, 2007)

*Bibl Teuluaidd sef yr Hen Destament a'r Newydd: gyd ag adfyfyriadau
helaeth ar bob pennod gan y Parch. John Brown o Haddington . . .*, y
cwbl wedi ei gasglu a'i gyfieithu gan John Humphreys, Rhan 2il
(Gwrecsam: I. Painter, [1827])
The Blackwell Dictionary of Evangelical Biography 1730-1860
(Rhydychen: Blackwell, 1995)

LLÊN Y LLENOR

Caneuon Ffydd ([d. lle] : Pwyllgor y Llyfr Emynau Cydenwadol, 2001)

Caniadau Maes y Plwm, Gweithiau Barddonol y Diweddar Mr. Edward Jones, Maes y Plwm (Treffynnon: P. M. Evans, 1857)

Y Caniedydd (Abertawe: Undeb yr Annibynwyr Cymraeg, 1960)

Carolau a Dyrïau Duwiol, gol. Thomas Jones gydag ychwanegiadau gan John Roderick (Y Mwythig: T. Durston, 1745)

Carr, Glenda, *William Owen Pughe* (Caerdydd: Gwasg Prifysgol Cymru, 1983)

Casgliad o Hymnau at wasanaeth y Trefnyddion Calfinaidd, dan nawdd Cymdeithasfa y Deheudir, trydydd argraffiad (Abertawe: Joseph Rosser, 1859)

Casgliad o Salmau a Hymnau, at wasanaeth yr Addoliad Cyhoedd ac Ymarfer Neilltuedig . . . yn cynnwys y cwbl a genir yn gyffredinol yng nghynnulleidfaoedd y Methodistiaid Calfinaidd, gol. Morris Davies (Bala: Robert Saunderson, 1832)

Cerddi Cymru: Casgliad o Ganeuon Cymreig Hen a Diweddar, Cyfrol II (Caernarfon: Cwmni y Cyhoeddwyr Cymreig, [d.d.])

Cerddi Jac Glan-y-gors, gol. E. G. Millward ([Abertawe]: Cyhoeddiadau Barddas, 2003)

Charles, Thomas, *Geiriadur Ysgrythyrol*, trydydd argraffiad, Llyfr 1 (Bala: R. Saunderson, 1836); Llyfr 2 (Bala, R. Saunderson, 1839)

Cofiant y Diweddar Barchedig John Parry, o Gaerlleon (Caerlleon, 1859)

Cofiant Byr o Fuchedd a Marwolaeth Thomas Davies, o'r Tir Newydd, Plwyf Cegidfa, Swydd Drefaldwyn, yr hwn a fu farw Ebrill 18, 1827, yn 23 oed (Llundain: J. Jones, 1827)

Cofiant o fywyd a marwolaeth y diweddar Mr. Robert Jones, Dinas, gynt o Roslan, Sir Gaernarfon, pregethwr yr efengyl yn mhlith y Trefnyddion Calfinaidd, yr hwn a fu farw Ebrill 18, 1829, yn y 84 flwyddyn o'i oed a'r 60fed o'i weinidogaeth (Llanrwst: Gwyndod-wryf, 1834)

Davies, John, *Hanes Cymru* (Llundain: Allen Lane The Penguin Press, 1990)

Davies, John E., *James Hughes, sef Cyfrol Goffa yr Hybarch Esboniwr James Hughes* (Dinbych: Gee a'i Fab, [1911])

Davies, John Williams, 'Merched y Gerddi', *Ceredigion*, 1978, 291-303

Dehongliad ar y Bibl Sanctaidd . . . gan y Parch. Matthew Henry, V. D. M. . . . Cyfrol 1 (Abertawe: John Jones a John Williams, 1828)

Edwards, Thomas Charles, *Bywyd a Llythyrau y Parch. Lewis Edwards* (Lerpwl: Isaac Foulkes, 1901)

Eos-lais, sef Casgliad o Ganiadau Ysbrydol a Moesol, argraffiad newydd (Caerfyrddin: William Jenkin, 1839)

Grawn-sypiau Canaan neu Bigion o Hymnau, gol. Robert Jones, ail argraffiad gyda 'chwanegiad' (Bala: R. Saunderson dros Robert Jones, 1805)

Griffiths, Rhidian, 'The Lord's Song in a Strange Land' yn Emrys Jones, gol., *The Welsh in London 1500-2000* (Caerdydd: Gwasg Prifysgol Cymru ar ran Anrhydeddus Gymdeithas y Cymmrodorion, 2001),161-83

Y Gwyddoniadur Cymreig, gol. J. Parry, ail argraffiad, gol. Thomas Gee, Cyfrol 5 (Dinbych: T. Gee a'i Fab, 1891)

Hindmarsh, D. Bruce, *John Newton and the English Evangelical Tradition* (Grand Rapids Michigan / Cambridge, U.K.: William B. Eerdmans, 1996)

Hughes, Hugh, *Y Trefnyddion a'r Pabyddion* (Llundain: C. Morris, 1829)

Hughes, Jonathan, *Bardd a Byrddau* (y Mwythig: Stafford Prys, 1778)

Hughes, William, gol., *Hunan-gofiant ynghyda Phregethau a Barddoniaeth y diweddar Barch. Robert Hughes, (Robin Goch), Uwchlaw'rffynnon* (Pwllheli: William Hughes, 1893)

Hymnau a salmau: yr hymnau gan mwyaf o waith William Williams, o Bantycelyn; a'r salmau gan Edmund Prys, o Feirionydd; wedi eu casglu ar ddymuniad ac at wasanaeth y Methodistiaid Calfinaidd yn Liverpool gan Richard Williams a Joseph Williams (Lerpwl: R. Ll. Morris, 1840)

Hymnau a Thônau y Methodistiaid Calfinaidd (Caernarfon: Llyfrfa y Cyfundeb, 1897)

James, E. Wyn, 'Pedr Fardd a'i Argraffwyr', *Y Casglwr*, Nadolig 1986, 16

Jenkins, D. E., 'Esboniad James Hughes: Ei Orffennydd', *Y Drysorfa*, Mawrth 1932, 95-9

Jenkins, Geraint H., gol., *'Gwnewch Bopeth yn Gymraeg': Yr Iaith Gymraeg a'i Pheuoedd 1801-1911* (Caerdydd: Gwasg Prifysgol Cymru, 1999)

Jones, Emrys, gol., *The Welsh in London 1500-2000* (Caerdydd: Gwasg Prifysgol Cymru ar ran Anrhydeddus Gymdeithas y Cymmrodorion, 2001)

Jones, J. T. Alun, 'Y Parch. James Hughes (Iago Trichrug), yr "Esboniwr". Llythyrau o'i eiddo yn Llyfrgell Athrofa'r Bala', *Cylchgrawn Cymdeithas Hanes y Methodistiaid Calfinaidd*, Medi 1927, 84-92

Jones, John Morgan a Morgan, William, *Y Tadau Methodistaidd,* Cyfrol I a II (Abertawe: Lewis Evans, 1895 a 1897)

Jones, Jonathan, *Cofiant y Parch. Thomas Jones o Ddinbych* (Dinbych: T. Gee a'i Fab, 1897)

Jones, R. Tudur, 'Esbonio'r Testament Newydd yng Nghymru, 1860-1890' yn *Efrydiau Beiblaidd Bangor 3*, gol. Owen E. Evans (Abertawe: Tŷ John Penry, 1978), 161-99

Jones, Robert, Rhos-lan, *Drych yr Amseroedd*, gol. G. M. Ashton (Caerdydd: Gwasg Prifysgol Cymru, 1958)

Jones, T. Gwynn, *Cofiant Thomas Gee* (Dinbych: Gee a'i Fab, 1893)

Jones, T. M., *Cofiant y Parch. Roger Edwards, yr Wyddgrug* (Wrecsam: Hughes a'i Fab, 1908)

Lewis, George, *Drych Ysgrythyrol neu Gorph o Ddifinyddiaeth* (Caerlleon: Jones a Crane, 1797-9)

Lord, Peter, *Hugh Hughes Arlunydd Gwlad* (Llandysul: Gomer, 1995)

Y Llawlyfr Moliant Newydd (Abertawe: Undeb Bedyddwyr Cymru a Mynwy, 1955)

Llyfr Emynau y Methodistiaid Calfinaidd a Wesleaidd (Caernarfon a Bangor: Llyfrfa'r Methodistiaid Calfinaidd a Llyfrfa'r Methodistiaid Wesleaidd, 1927)

Llythyrau Mr. Edw. Jones, pregethwr Cymreig y Methodistiaid yn Llundain, gwr gweddw tair a thriugain oed! at ei gariad, Miss Gwen Prydderch, merch ieuangc wyth ar hugain!!! (Llundain: Cymdeithas y Cymreigyddion, 1801)

Matthew Henry's Commentary on the Whole Bible: Complete and Unabridged (Caeredin: Alban Books, 2005)

Morgan, J. J., *Cofiant Edward Matthews Ewenni* (Yr Wyddgrug: Yr Awdur, 1922)

Morris, John Hughes, *Hanes Methodistiaeth Liverpool*, Cyfrol 1 (Lerpwl: Hugh Evans a'i Feibion, 1929)

Owen, Daniel, *Offrymau Neillduaeth* (Yr Wyddgrug: Hugh Jones, 1879)
–, *Y Dreflan: Ei Phobl a'i Phethau* (Wrecsam: Hughes a'i Fab, 1881)
–, *Hunangofiant Rhys Lewis, Gweinidog Bethel* (Wrecsam: Hughes a'i Fab, 1885)

JAMES HUGHES

Owen, Goronwy Prys, 'James Hughes yr Esboniwr', *Y Cylchgrawn Efengylaidd*, Tachwedd-Rhagfyr 1979, 172-6

Owen, Meurig, 'Llyfr Bedyddiadau Eglwys Wilderness Row a Jewin Crescent, Llundain 1799-1875', *Cylchgrawn Cymdeithas Hanes y Methodistiaid Calfinaidd*, 23 (1999), 63-8

Owen, William, 'Gwilym Ddu Glan Hafren', *Cofiant Byr am Mr. John Bebb, Iau, o'r Trallwm, Swydd Drefaldwyn, yr hwn a fu farw yn gysurus, Hydref 9, 1827, yn ychydig dros 21ain oed* (Caerlleon: J. Parry, 1829)

Parry, Griffith, gol., *Cofiant a Gweithiau Eryron* (Manceinion: J. Roberts, 1880)

Parry, Tom, *Baledi'r Ddeunawfed Ganrif* (Caerdydd: Gwasg Prifysgol Cymru, 1935)

Pigion o Hymnau, i gael eu harferyd gan y Cynulleidfaoedd Cymreig yn Wilderness-Row, Deptford, ac Woolwich (Chelsea: 1816)

Pughe, William Owen 'Idrison', *Coll Gwynfa* (Llundain: W. Marchant, 1819)

Roberts, Elfed ap Nefydd, '"Nid y lleiaf un": John Roberts, "Minimus", 1808-1880', *Cylchgrawn Hanes y Methodistiaid Calfinaidd*, Rhif 25 (2001), 18-38_

Roberts, Gomer M., *Y Ddinas Gadarn: Hanes Eglwys Jewin Llundain* (Llundain: Pwyllgor Dathlu Daucanmlwyddiant Eglwys Jewin, 1974)

Y Salmydd Cymreig, gol. Roger Edwards (Dinbych: T. Gee, 1840)

Testament yr Ysgol Sabbothol, gan amryw o Weinidogion y Trefnyddion Calfinaidd, Cyf. II (Dinbych: Thomas Gee, 1871)

Thickens, John, 'Llythyrau James Hughes', *Cylchgrawn Hanes y Methodistiaid Calfinaidd*, 26: 3 Medi 1941, 51-68; 26: 4 Rhagfyr 1941, 113-25
–, 'James Hughes a Rhyddfreiniad y Pabyddion', *Y Drysorfa*, Ebrill 1909, 161-4

Thomas, John, *Jubili y Diwygiad Dirwestol yng Nghymru* (Merthyr Tydfil: Joseph Williams, 1885)

Thomas, Owen, *Cofiant y Parchedig John Jones, Talsarn, mewn cysylltiad a Hanes Duwinyddiaeth a Phregethu Cymru* (Wrecsam: Hughes a'i Fab, 1874)

Trysorfa Ysprydol, goln. Thomas Charles a Thomas Jones (Caer: W.C. Jones, 1799)

LLÊN Y LLENOR

Walters, Huw, 'Y Gymraeg a'r Wasg Gylchgronol' yn Geraint H. Jenkins, gol., *Gwnewch Bopeth yn Gymraeg*, 327-52

Williams, G. J., Adolygiad o *Baledi'r Ddeunawfed Ganrif*, *Y Llenor*, Gaeaf 1935, 245-50

Williams, Gwyn A., *The Search for Beulah Land* (Llundain: Croom Helm, 1980)

Williams, J. E. Caerwyn, *Edward Jones, Maes-y-plwm* (Dinbych: Gwasg Gee, 1962)

Williams, W. Samlet, *Cofiant y Parch. Hopkin Bevan, Llangyfelach* (Dolgellau: E. W. Evans, 1899)